168 KINDS OF CREATIVE MARKETING IDEAS

168个创意营销金点子

吕　波◎著

中国经济出版社
CHINA ECONOMIC PUBLISHING HOUSE
北京

图书在版编目（CIP）数据

168 个创意营销金点子 / 吕波著 .
北京：中国经济出版社，2016. 8
ISBN 978 - 7 - 5136 - 4115 - 9

Ⅰ. ①1… Ⅱ. ①吕… Ⅲ. ①市场营销学—教材 Ⅳ. ①F713. 50

中国版本图书馆 CIP 数据核字（2015）第 313359 号

责任编辑　陈　瑞
责任审读　贺　静
责任印制　马小宾
封面设计　华子图文

出版发行　中国经济出版社
印 刷 者　北京金明盛印刷有限公司
经 销 者　各地新华书店
开　　本　710mm × 1000mm　1/16
印　　张　17. 25
字　　数　250 千字
版　　次　2016 年 8 月第 1 版
印　　次　2017 年 11 月第 2 次
定　　价　48. 00 元
广告经营许可证　京西工商广字第 8179 号

中国经济出版社 **网址** www. economyph. com **社址** 北京市西城区百万庄北街 3 号 **邮编** 100037
本版图书如存在印装质量问题，请与本社发行中心联系调换（联系电话：010 - 68330607）

前言

半年内成长为创意高手

营销策划的大学生、教师、广告营销策划者、商务人员、企业家、艺术家、公务员等各行各业的从业者，无不需要用创意来改善工作和生活。营销更离不开创意，创意营销是成功的开始。

为什么需要创意营销？

以广告业为例，根据统计，只有1/3的广告能给观众留下一些印象，而这1/3的广告中只有1/2的内容被观众正确理解，仅有5%的广告能在24小时内被观众记住。而被观众记住的这5%的广告，无一例外都要有好的创意营销。如果没有创意营销，只会被湮没在其他广告之中。

一家知名的广告公司曾经评选出以下广告作为世界最经典的创意营销广告。

一是七喜的广告。其创意营销概念是“非可乐”，瞄准的是可乐之外的偶尔选择，成功地切割出了一块新的市场。

二是百事可乐的广告。在1963年，面对那个时期的婴儿潮新生代，百事可乐提出要做“百事新生代”，成为他们的正式可乐，从而定义并培育了一个新的消费群体。1997年，百事可乐又故技重演，面对新时代的消费群，提出“Next时代”的创意营销概念，要成为这一时代消费者的正式可乐。

三是乔布斯对麦金塔电脑的广告。他的创意营销是“极端容易使用”。

1984 年 1 月 24 日，麦金塔机正式面世时，乔布斯让麦金塔机自己发表了一段别出心裁的“自我介绍”讲演。这段演讲直指 IBM 笨重无法便携的弱点，以一句“不要信任一台你提不动的计算机”的口号彻底宣告个人电脑时代的全面到来。

四是美国的长途电话公司 Sprint 的创意营销广告词——“针落下”。使用的标志是一枚落下的针，以此代表通话质量高，能听到针落下的声音。

五是微软的广告。“你今天想去哪里”，告诉消费者接近资讯的方法。

上述创意营销之所以备受称道，本书认为除了遵循了创意营销广告的相关性、原创性、简明性、合法性、真实性等基本原则外，还在于使用了不同的创意招法。创意招法有多种多样，而且有不同的分类方法。需要一提的是，面对犹如烟海般的创意理论与招数，会让大多数读者无所适从，他们即使花费数年的时间，也很难理清究竟有哪些可用于实战的创意招数。

为了帮助读者节约珍贵的时间，更好地掌握创意技法，本书创新性地将创意营销分为 11 个单元，共 168 种招数，让读者能在 168 天的时间里（即一个学期），每天轻轻松松地通过阅读“案例”和学习“方法解析”，对创意营销的每种招数产生深刻的理解，从而帮助读者从创意营销走向成功。

吕 波

2016. 6

目录

第一单元　从“晒”字入手做创意营销

第二单元　从概念入手做创意营销

第三单元　从需求入手做创意营销

第四单元　从套路入手做创意营销

第五单元　从差异点入手做创意营销

第六单元　从塑造角色入手做创意营销

第七单元　从表现技巧入手做创意营销

第八单元　从修辞入手做创意营销

第九单元　从效果入手做创意营销

第一单元
从“晒”字入手做创意营销

微信、微博、QQ、门户网站、电子邮箱、搜索引擎、虚拟社区、网络游戏、博客、维客、播客、手机短信、手机电视、网络电视、数字电视、手机报、网络杂志等等，改变了传统的传播渠道，创意也因之而变，利用新媒体做创意营销，打造各种形式的“晒”，成为新手段、新利器。

第 1 天　晒老板

微信等自媒体的盛行，使许多知名企业的领袖人物的举手投足，如亲民、有趣、卖萌、逗逼的瞬间形象，很容易被第三者“无意”用手机相机捕捉定格，然后在朋友圈进行传播，让受众产生“看看人家的老板”的感叹，从而增强企业的美誉度和知名度，间接美化企业形象。

案例 1

2016 年 4 月，一张华为的任正非打电话在机场排队候车的照片突然在网络爆红。伴以 72 岁高龄、掌管着近 4000 亿元年收入、华为帝国等字眼进行传播，让人对华为的敬意油然而生。

案例 2

2016 年 1 月，万达集团董事长王健林唱摇滚的视频被网络刷爆，点击量 20 天超 20 亿，直逼韩国鸟叔的《江南 Style》曾创下一年间视频总点击 23 亿次的纪录。首富唱摇滚是什么味道，十足地吊足了观众的好奇心。万达的名字也随之在网络上疯狂地免费传播，如果用广告而为之，点击一次以 0. 5 元计，则这一首歌就为万达省了 10 亿元的广告费。

方法解析

捕捉领袖瞬间，“晒领袖”“晒老板”，在自媒体发达的今天，使快速传播成为可能。这种方法已经有意无意地成为了一种极佳的创意，其产生的神奇传播效果让人惊叹。

第 2 天 晒红包

案例

网络时代，网络红包成为春节的新习俗。网络红包通过移动支付端支付，为了争夺移动支付端，微信、支付宝、百度曾发起红包大战。晒红包，成为大众生活的一部分，晒红包的创意也逐步登上舞台。

发红包成为一种促销模式。在春节等假日期间，各网站或品牌通过组织互联网线上活动，派发红包，让利网友，吸引了大量粉丝。2015 年春节期间，红包出现新的玩法，广告品牌商与央视春晚合作，在春晚节目进行过程中，由主持人口播，与广大观众一起“摇一摇”，一起抢红包，红包由赞助商赞助，抢到的红包也显示“某某品牌给你发了一个红包”之类内容。2016 年春节期间，晒红包大战此起彼伏，硝烟四起，各种晒红包的促销创意让人眼花瞭乱。比如支付宝抢红包的方法是“咻一咻”红包，用户在手机上启动支付宝后在其主界面即可看到“咻一咻”组件，点击就可以开始使用“咻一咻”功能。打开“咻一咻”后手机会自动发出“咻咻”

的声响，我们可以用它来“咻”附近的商家和人。选择“商家”或“人”，支付宝会在后台自动找出你附近支付宝商家和用户，你可以领取商家的支付宝折扣、红包或者将找到的支付宝用户添加为好友。在春晚直播的时候，电视在指定时间发出“咻咻”的音乐，启动支付宝的“咻一咻”，支付宝就会“咻”到春晚为我们发放的红包。商家在春晚向全国、甚至全球的支付宝用户发红包。通过“咻一咻”，观众抢到其发出的新年红包，收到红包后还可以通过“咻一咻”的“人”和好友进行更多的互动交流，比如给好友发红包，传递红包信息，或者向好友讨红包等。

方法解析

> 网络红包从个人社交场景转向了企业营销场景，红包由广告主买单，伴随着人们抢红包和分享红包的过程，广告信息与品牌信息顺着朋友圈得到传播，层层递进，改变了传统单向、单层的传播模式，得到多层裂变式传播。

第3天 晒情感

案例

近年的典型案例包括：某范姓女名星，戴着某品牌的假发，以“我们”为题公布与男友的合影，以此公布恋情。随后一段时间，微博、朋友圈纷纷被“我们体”刷屏。在赚足大家眼球的同时，该女名星也不动声色地把她代言多年的假发品牌植入。

方法解析

公众人物的情感世界，比如相恋、求婚、出轨、离婚，都极易成为公众的关注头条，情感是创意营销的必不可少的舞台。

第4天 晒时尚

案例

2015年1月，在东方卫视开年大戏《何以笙箫默》中，电视机旁的观众不仅能看到明星的精彩演出，还可以掏出手机，在天猫上买到明星身上的同款华丽服饰，实现“边看边买”。

方法解析

这种边看边买模式也叫F2O模式，即Focus to Online的简写。它主要依托影视的热播，电商借助新媒体，推出与影视剧中热播的同款时尚服饰，以影视人物的影响力，制造时尚潮流的话题，从而成功打造爆款产品。把商品的信息很好地结合在各类视频内容中，是影视作品的一大赢利点，带来的收入和购买流量非常巨大。边看边买模式，这种模式随着微信朋友圈等社交媒体的发展，将进一步演化成“边看边买边晒”模式，其前景可观。

边看影视剧，边借助朋友圈等新媒体，营造“晒时尚”的潮流，引导观众边看边买，成为一种创意营销的新手段。

第5天 晒励志

案例

褚时健的褚橙。褚时健，1928年出生，是中国最具有争议性的财经人物之一。褚时健是有名的"中国烟草大王"，曾被评为全国"十大改革风云人物"；褚时健使红塔山成为中国名牌，使玉溪卷烟厂成为中国烟草大王、地方财政支柱。但71岁时，褚时健被判刑。74岁时，褚时健获批保外就医，再次创业，承包荒山开始种橙。84岁时，褚时健种植的"褚橙"通过电商开始售卖，创造了销售200吨的奇迹。

这一励志故事被不断演绎。比如"80后致敬80后"的系列专题中，邀请80后名人相继讲述自己的励志故事致敬褚时健；同时推出个性化定制版的褚橙"幽默问候箱"，赠给社交媒体上大V及各领域达人。比如给某公众人物只送了一个褚橙，箱子上印着"复杂的世界里，一个就够了"，迎合其主办的"一个"APP的口号，引起微博300多万人次阅读，转发评论近5000次。上述创意还同时在传统媒体、视频门户、社交媒体等全媒体上进行交叉传播。

方法解析

"褚时健"的励志故事，是最大的亮点，也是创意的卖点，很容易引起受众的口碑传播，同时褚橙也被打上励志的印记，最终在消费群体中完成"励志故事+橙子"的捆绑销售，使褚橙不断创出销售佳绩。

第6天 晒情怀

案例

河南省实验中学一教师的辞职申请：世界那么大我想出去走走。于是，各大商家捷足先登。比如：

斯巴鲁：同意！人生本该丰富多彩，追随自己远行的心。

吉利汽车：没有说走就走的勇气，哪有不期而遇的奇迹。

乐视 TV：看世界，用超级电视就够了！……停不下来了！

中国石化：同意！你带上我，我带上卡，你负责精彩，我为你护驾。

中国海油：同意！我们眼中的世界只是脚下的土地。广袤的蓝色国土更值得探索！不如，小螺号带你登上 981 看看吧！

中国移动：同意！“和”你一起看世界。

中国联航：同意！才 8 块，跟联航飞吧！

方法解析

> “世界那么大我想出去走走。”此话引发关注比“来场说走就走的旅行”要更有情怀，让整个社交网络沸腾了。

第7天 晒挑战

案例

冰桶挑战赛或冰桶挑战。挑战要求参与者在网络上发布自己被冰水浇遍全身的视频内容，然后该参与者便可以要求其他人来参与这一活动。活动规定，被邀请者要么在 24 小时内接受挑战，要么就选择为对抗“肌肉萎缩性侧索硬化症”捐出100美元。一桶冰水当头倒下，微软的比尔·盖茨、Facebook的扎克伯格、亚马逊的贝索斯、苹果的库克全都不惜湿身入镜，这些硅谷的科技人，飞蛾扑火似地牺牲演出，其实全为了慈善。该活动旨在让更多人知道被称为渐冻人的罕见疾病，同时也达到募款、帮助治疗的目的。冰桶挑战赛在全美科技界大佬、职业运动员中风靡。扩散至中国，科技界大佬纷纷响应。

方法解析

> 火到不行的冰桶挑战，也给创意营销带来启发，就是各种形式的“晒挑战”将成为营销创意的一大主战场。

第8天 晒争议

案例

一条带魔性的裙子究竟是蓝黑色还是白金色，突然夺得网民的眼球。网友各持已见，有的支持是蓝黑，还有的支持是白金，成为网友争议的热点。争议从BuzzFeed烧到Facebook，再烧遍全球所有的社交媒体，形成了蓝黑党与白金党两大派系。就在蓝黑党和白金党激烈交锋的同时，这条裙子的商家——英国服装品牌Roman的女装销量暴涨了347%，成为最大赢家。

方法解析

> 晒争议，成为一种创意营销新形式走入营销视野。

第 9 天　晒撕逼或晒吵架

案例

2015 年 6 月，神州专车发起了与 Uber 之间的撕逼营销大战，神州专车通过微博发布了一组主题名为“Beat U”的海报，内容就差直接说 Uber 的专车是黑车。神州专车针对 Uber 展开一系列的攻势，其中传播范围最广的就要数黑 Uber 的那组图片了。神州专车海报中，将“怪蜀黍”错打成“怪蜀黎”，也引发了网络群嘲。而后，神州专车发布道歉信，向网友和明星道歉，并送出每人 30 元的叫车优惠券，“花费”总额近亿。此次营销，思路是代言人“伪公益”黑 Uber——被骂——爆出错别字——被骂——开始分化出各路言论——网传 Uber 反击文案——各种被借势——致歉信再加优惠券，通过微博和社交网络，引发广泛争论和围观并不断发酵，迅速成为网络热点事件，成功地引爆舆论。再比如 2016 年的端午节，有商家策划了南北甜粽与咸粽的撕逼营销战，热闹的是甜咸之争，而最终获利的是粽子的品牌商家。

方法解析

“撕逼大战”成为网络流行语后，被创意营销者应用，成为一种争夺眼球的新利器。“撕逼”晒创意营销的后果往往难以预料，以神州专车的上述营销为例，其营销的后果是很多网友并不买账，甚至反感，还有的打出“抵制神州专车”的口号，所以“晒撕逼”是种双刃剑。

与“撕逼”相比，以吵架的形式创意营销，形式上温和点，风险也少一点。典型的案例是加多宝与对手之争。加多宝虽然输了官司，但在微博平台上，用自嘲的文案，配以幼儿哭泣的图片，连发四条对不起。“对不起，是我们太笨，用了 17 年的时间才把中国的凉茶做成唯一可以比肩可口可乐的品牌。”“对不起，是我们太自私，连续6年全国销量领先，没有帮助竞争队友修建工厂、完善渠道、快速成长……”“对不起，是我们无能，卖凉茶可以，打官司不行。”“对不起，是我们出身草根，彻彻底底是民企的基因。”从效果上看，在新媒体民意上，加多宝应当算是占了对手的上风，其创意营销文体也形成了风靡网络的“对不起体”。

第10天 晒颜值、晒身材或晒包包

案例

反手摸肚脐，一时间成为网络热照。在微信与微博中，各瘦子们变着法“晒”，并以选瘦引起的各种晒照，连锁骨放硬币的帖子都翻出来跟着攀比。在各种晒照中，女名星的晒照尤其引人关注，同时女名星代言的各种服饰品牌，也随同高颜值、好身材的各种晒照一起传播，实现了品牌的渗透。

方法解析

与晒颜值、晒身材相似的是晒各种包包。某手机品牌策划了“翻翻大V的包”，在三天的时间内，来自社会各界的50位微博大V翻开自己的包，拍照给大家看，有心人能发现：包里都有该品牌的手机。这是新款手机上市前的造势，利用大家对新媒体大V的窥探心理，实现了创意营销。再比如某品牌包包在官方微信推出“不如换个包”互动游戏，抓住女生情绪容易波动的特点，提供海报生成器，请用户生成自己的海报，并可以分享给朋友，并有机会赢取红包。这种活动，既有互动性，还有一定的激励性和趣味性，很容易产生良好的营销效果。

第二单元
从概念入手做创意营销

第11天　利用多环节

案例1

“哈利·波特”是文学史与电影史上最成功的商业品牌之一，是建立在成熟市场机制上的商业运作典范，其成功离不开多环节上的创意营销。

“哈利·波特”把产品从书籍拓展到整条产业链。《哈利·波特》为观众带来的不仅仅只是一个魔法故事，更是一个近乎完美的营销案例，一个绝无仅有的商业奇迹。“奇迹也就是一般人做的一般的事情，只不过做的和别人不太一样而已。”《哈利·波特》从书籍开始，再到各种产品，包括电影、DVD、录像带、饮料、玩具、电子游戏、文具、服装等成千上万种特许经营商品，同时还包括主题公园，以及英格兰的旅游业。“哈利·波特”成为一个横跨多个领域的巨型产业链，带动经济规模达2000亿美元，在这条产业链中，衍生产品的收益就占到总量的约70%，创造了儿童文学史乃至小说史上一个绝无仅有的商业奇迹。

“哈利·波特”非常擅长制造光圈效应。所谓“光圈效应”也就是读者群体通过媒介或其他信息获得对某一事物的普遍认知后，而对其产生的心理效应。“哈利·波特”是立体式地轰炸人的感知器官，让读者对信息的选择解释处于一种被动状态，或者是一种感性状态，跟着感觉走是这种状态的写照。出版社为“哈利·波特”选择的营销策略，是在发行前期的工作中注重对各种资源有效地整合利用，采用立体式的媒体策略，配上相关的广告、报道、评论，引导读者的视线，使读者对图书产生正面的心理印象。出版社调动媒体、广告、活动等一切手段，展开立体攻势，在 CNN、《纽约时报》、BBC、《出版人》等知名媒体的报道下，《哈利 · 波特》是讽刺文学，是神秘主义作品，是历险记，是幻想类作品，吊足了大家的胃口。

"哈利 · 波特"尤其擅长口碑营销。除了广告轰炸，"哈利 · 波特"相关产品还采用其他各种创意营销。如"哈利 · 波特"主题公园活动的营销，创造了从 7 个人到 3.5 亿人的营销奇迹。"哈利 · 波特"的主要目标群体是 80 后、90 后等对"哈利 · 波特"有强烈兴趣的群体，"哈利 · 波特"已经将系列丛书翻译成了 65 种语言，并在全球 200 个国家和地区内销售了 3 亿多册图书。基于这个数字的基础，口碑效应可以将新活动传播到更多人那里。因此，营销人员将主题活动告诉极小一部分"哈利 · 波特"迷，这 7 个人都是"哈利 · 波特"顶级粉丝俱乐部网站中的成员，这 7 个人被邀请参加某天晚上一次非常机密的音频研讨会。这次音频会议由"哈利 · 波特"电影奥斯卡总美工设计师奖得主主持。在该次音频研讨会中，他主要介绍了他是如何带领他的 20 名设计师团队策划这场精彩的"哈利 · 波特"主题公园活动的。在音频研讨会结束之后，推广团队马上在站内发布了一封电子公告，允许所有的用户可以通过邮件订阅的方式来获取到主题公园的最新消息。他们同时将这电子公告发送给了他们的家人和朋友。在这次秘密的音频会议中，营销人员还建立了一个站点方便博主和媒体获取到最新主题公园的信息链接地。而访客则可以从该站点中获知到主题公园的设施、商店、餐厅等各项情况。通过在社区中的口碑效应，这次营销创造了奇迹，仅仅将消息告诉了 7 个人，最后竟然有 3.5 亿人知道了。本次口碑营销的成功，主要有以下特点：首先，是 7 个关键人物的选择，这是成功的必要条件，即他们必须善于传播并有足够的粉丝，就像目前微博平台上的大 V 一样，可以一呼百应。其次，此次营销的最大特点是制造神秘感。"偷偷地邀请 7 个人来参加这次机密大会"却没有事先透露给类似于《纽约时报》的主流媒体，使这 7 个人感到使命重大，受重视程度很高，通过这点更激发了他们传播信息的速度和广度。此外，“哈利·波特”对搜索引擎来说本身就是一个流行词，因此在口碑的带动之下，搜索引擎毫无疑问也起到了非常重要的传播作用。

方法解析

“哈利·波特”如果只有书籍，难以取得现在的业绩。重策划与包装，延伸产业链，这是美国及其周边地区文化产业的营销方式。通过品牌包装外加延伸产业链的方式，可以形成庞大的产品集群，从而获得利润；而庞大的产品集群，又能增强人们对于“哈利·波特”的兴趣，并增加购买“哈利·波特”系列（产品）的可能性。“哈利·波特”在口碑营销中，注重了以下多个环节：首先，产品本身要切中市场需求。如《哈利·波特》帮助青少年重拾自己童年时应有的想象力和朴素的正义感。即使是成年人，也迫切需要这种回归童年的感受。其次，产品要进行重复推广。《哈利·波特》这一品牌，通过电影院、超级市场、玩具店、报纸、甜品店、音像商店等信息和销售渠道，取得了其他常规产品难以企及的知名度和影响力。最后，要打造品牌的成功故事。通过作者罗琳对《哈利·波特》作品成功故事的讲述，很好地驾驭了口碑的效应。实际上，无论是迪士尼、Levi's等品牌，还是现在的“哈利·波特”，都有着精心打造的品牌故事。消费者在购买这些品牌的时候，已经不是单纯考虑价格和便利性了，而是在购买这个品牌所讲述的故事以及这个品牌自身的传奇色彩。

案例 2

可口可乐历年来经典的创意主题如下。

2014 年：*The World is Ours*。

注：2014 年由可口可乐公司与国际足联（FIFA）联合举办 2014 年

"FIFA 世界杯环球之旅"，发布世界杯主题曲 *The World is Ours*。这首歌曲作为世界杯环球之旅的组成部分一直在世界巡游，并收集来自全球各地本地艺人的演唱声音。每到达一个地区，本地音乐人都可以将自己的演绎版本加入这首歌曲中，从而创作出以他们本地语言歌词为特色的二重唱版本。中国的 *The World is Ours* 版本便是由五月天演绎的《由我们主宰》。

2011 年：爽动美味。

2010 年：畅饮可口可乐。

2009 年：畅饮可口可乐。

2008 年：畅爽奥运。

2007 年：心随我酷。

2005—2006 年：要爽由自己。

2004 年：要爽由自己。

2001 年：Lifc Tastes Good。

2000 年：喜欢可口可乐。

20 世纪 90 年代：如此感觉无与伦比；挡不住的感觉。

20 世纪 80 年代：微笑的可口可乐。

20 世纪 70 年代：心旷神怡，万事如意，请喝可口可乐；喝一口可口可乐，你就会展露笑容。

20 世纪 60 年代：只有可口可乐，才是真正的可乐。（突破对手）

20 世纪 50 年代：好味道的标志；真正清凉的饮品；更好更清凉。

1944 年：Coca－Cola，一个全球性的符号。（突破美国）

1936 年：喝新鲜饮料，干新鲜事儿。

1929 年：要想提精神请留步。

1925 年：一天喝 6000000 瓶。

1922 年：口渴不分季节。（突破季节）

1907 年：令人精神爽朗的时刻；遍及每一个角落；使炎热的天气变的凉爽。

1889 年：味美爽口，醒脑提神。

1886 年：一种全新的、大众化的苏打水饮料。（突破产品）

方法解析

由上可知，可知可口可乐公司的每一阶段或每年的创意主题是不同的。但研究其不同主题的背后也有规律可循，即万变不离其宗，可口可乐公司的基本诉求点一直没变："可口可乐令目标消费者满意，可口可乐使人愉快，是美味健康的饮料。"以此为目标，可口可乐奉行三个环环相扣的营销环节：一是使产品无处不在，任何时候、任何地点，你想喝可口可乐产品，就可以买得到。二是当你想喝饮料时，你首先想到要喝的饮料就是可口可乐品牌的饮料。三是当你付出这个价钱的时候，你觉得是物有所值的。可口可乐将其称作"3P"，代表三个英文字：无处不在是 Pervasiveness，心中首选是 Preferece，物有所值是 Price to Value。可见一个企业的营销策略不是一成不变的，要通过创意让消费者能时时想起产品，愿意把该产品作为心中首选，并觉得物有所值，这三个环节是创意的最终落脚点。

第 12 天 抓好三要素

案例

创意营销能带来高关注。2009 年在世界金融危机下，澳大利亚昆士兰旅游局面向全世界招聘大堡礁看护员。此次被称为"世界上最好工作"的招聘活动因新颖创意营销和眼球效应吸引了世人的眼球，成为世界最成功的旅游推广案例。受聘者在澳大利亚大堡礁工作 6 个月，可换得 15 万澳元收入，只需在此游泳、潜水、驾帆船，通过文字博客、照片和视频介绍工作体验。“金融危机来临还能有如此好的工作?”这一疑问一时间成为全世界网民的质疑，而质疑的过程，恰恰是创意营销发挥威力的时刻，“先全面质疑，后全民角逐”，整个招聘如火如荼，达到了营销推广大堡礁旅游业的预期效果。整个活动的公关价值已经超过了 7000 万美元。由此可见，创意营销确实吸引眼球。

创意营销能带来高效率。比如，如何把信件从一个地方送到另一个地方去？从古到今，经历了以下历程：信使传递→烽火台传递→信鸽传递→传真机 = 电话机 + 复印机→电子邮件 = 扫描仪 + 互联网→手机拍照 = 手机 + 移动网……目前，只要用高清成像手机，轻轻一拍，按一下按钮，就可以以照片的形式，轻松发送到对方的手机上了。可见，创意营销不一样，所用的工具不一样，表现的方法不一样，所导致的结果也不一样。创意营销使速度越来越快，效率越来越高，费用越来越少。

创意营销能产生高增值。中国的中秋节要吃月饼，现在的月饼经过包装之后，售价远远超出月饼本身的价值，可见创意营销产生增值。一个普通的产品经过好的设计和包装就可以卖到更高的价钱。

创意营销能带来新客户。有人在哥伦比亚开了一个商店，卖死玫瑰花，他会有市场吗？他的死玫瑰，专门卖给那些准备分手的情侣。结果，死玫瑰一面市就很受欢迎，一个本来不存在的市场因独特的创意营销而诞生了，可见任何行业都需要创意营销。

创意营销能带来新市场。2004 年，芬兰手机大厂诺基亚依靠着数百人的设计团队，带领手机业进入频繁换壳、外观色彩多样化的新时代，抢下了摩托罗拉的手机龙头宝座。现在手机已经不是简单讲究实用的单一工具，而是讲究品位的消费品了。韩国三星公司陆续增加了 50% 的设计人员，目前已有 500 名设计师。三星在 2004 年的营业额差一点就把摩托罗拉比下去。我们可以看到，三星还在不断地推出更多的新产品。摩托罗拉以前不重视设计，而是强调功能，强调摩托罗拉是性能最好的手机。但是在面对众多竞争对手和日益下降的市场份额时，摩托罗拉岂可再忽视设计？

“要让摩托罗拉从头到脚酷到底”，首席执行官爱德华·詹德将带领摩托罗拉从设计开始进行全面的革新。摩托罗拉开展了一个1000天重登手机龙头宝座的计划：曾经因为设计输给对手，就要从设计上再夺回龙头宝座；集合了30个国家的设计人才，提升摩托罗拉的创新设计力；2005年，摩托罗拉依靠一款席卷政商名流的RAZR V3手机（一款非常轻薄、非常特别、非常时尚的手机），为摩托罗拉重新成为市场龙头老大的计划揭开了序幕，可见创意营销能提高市场份额。但它没有持续创意，其结局可叹！

创意营销能带来新体验。创意营销业内快餐巨头麦当劳同样充分利用学生群体热爱网络社交、渴望真实交流这一特点，借助人人网开展“别宅了，见面吧”主题活动，网友只要提供多种有趣又有意义的见面理由，就可有机会享受麦当劳清新可口的夏日特饮。2010年8月，德国男装品牌宾宝开展了一系列的微博推广营销。宾宝将公司的官方微博主页变成一个时尚装扮的宣讲平台，每日固定向网友介绍最新潮、最青春朝气的穿衣打扮之道以及独特的德国服饰文化，适时在微博上推出许多商品的限时折扣或赠送，迅速吸引了大批粉丝的关注。同时，宾宝董事长佘旭锦开通个人官方微博，以极具人性化的商业思考以及定期的管理小语分享，迅速吸引大量粉丝关注。董事长微博与宾宝官方微博不断进行互相配合、互相呼应，取得了极佳的商业推广效果。宾宝的品牌认知度在网络上迅速提升。同样的案例还包括，优衣库开展“优衣库线上排队”活动。创意营销增添娱乐性、互动性与体验性。创意营销，成为营销与消费者之间情感的纽带，使营销不再只是被动地传递信息，而是让消费者主动参与成为传播的一环。

创意营销能带来新美誉。奥格威的知名创意：“当一辆劳斯莱斯以时速六十英里行驶时，您在车内唯一听到的声音是时钟的嘀嗒声。”该广告产生后，作为经典带来好评如潮。好的创意营销应该能不露痕迹地把产品、主题和点子完美地结合起来。

总之，创意营销能带来“三高四新”，即高关注、高效率、高增值、新客户、新市场、新体验、新美誉。但是创意营销也要防止弄巧成拙。曾经有一个眼镜店的广告，画面用插画的形式呈现一个青色的瓜果，标题写道："这是 Xigua or Qinggua?" 副标题是"如果你分不出来，表示你该换眼镜了"。这个广告表面上挺吸引人，但细想之下，消费者分不清是什么瓜果，不一定与眼镜度数不足有关系。

方法解析

被称为"现代管理之父"的彼得·德鲁克，在 30 多年前就提出："一家企业只有两个基本职能：创新和营销。"由于创意营销本身是一种创新，也与营销密切相关，所以它也是企业的一项非常重要的活动。

创意营销是指独创性或是突破性的点子。创意营销的英文是"Idea"。韦伯斯特词典对点子的定义是"明确表达的想法或观点"。创意营销，看问题的角度不同，想别人未想到，说出了别人未说过，做出了别人未做到的事情，出人意料却合乎情理。

创意营销有时也叫作"创造"或"创作"。在英文里，"创造""创作"和"创意营销"都可以是同一个词：Create。根据韦氏大辞典的解释，"创造"的意思是"赋予存在"（to Bring into Existence），具有"无中生有""原创"的意思。创意营销源于生活，生活因创意营销而精彩，让生活更有创意。

普通的点子跟创造性、革新性的创意营销具有明显不同。当产生一个好的创意营销时，我们会兴奋地说："有了!"或者说："我有办法了!"创意营销是头脑中的产物，有时它会在你想要它出现的时候出现，而有时它会在你完全没有预计的情况下出现。

一个好的创意营销必须具备以下三个因素：一是产生思想的火花；二是找到条件和工具；三是创意营销者所运用的方法问题。

即：创意营销 = 思想火花 + 条件和工具 + 方法。

1. 思想火花

创意营销是打破传统的观念，用辩证的、联系的、运动的思维方式去联想、假设、创造，以求找到新的方法和新的意境。创意营销先要构思出概念，在思想上形成火花点，找到最佳的突破点或新的组合方法。任何“火花”并非是突如其来，而是需要经过很长时间的累积。

2. 条件和工具

包括创意营销者本身的知识、经验、客观的财力状况、实验工具以及所需要的信息等，即要有适合的条件和工具来表达思想火花。

3. 表现手法

相同的条件和工具，还会有不同的表现手法，所产生的效果自然不同。

第 13 天 借力六理论

案例 1

万宝路香烟广告。1954 年，该品牌请芝加哥广告学派的领袖，即李奥·贝纳做创意广告。万宝路一度曾是带有明显女性诉求的过滤嘴香烟。自 20 世纪 50 年代中期开始，万宝路香烟开始和“牛仔”“骏马”“草原”的形象结合在一起，从而使万宝路的世界逐步扩大，获得了前所未有的成功。万宝路的粗犷豪迈的形象从此深入人心。该广告塑造了万宝路以牛仔、自由、野性、冒险、渴求为一种生活方式的形象，在情感和心理上满足人们成为真正男子汉的欲望。

方法解析

李奥·贝纳是芝加哥广告学派的创始人及领袖，著有《写广告的艺术》，强调任何商品都有戏剧性，即商品恰好能满足人某些欲望的特性，找出产品能使人发生兴趣的魔力。其主要观点是：我们的基本观念，是每一件商品中所谓的“与生俱来的戏剧性”，我们最重要的任务是把它们挖掘出来，加以利用。每件商品都有戏剧性的一面，当务之急是要替商品发掘出其特点，然后令商品戏剧化地成为广告里的英雄。艺术派广告创意营销强调情感在广告中的特殊重要性，强调广告的趣味性和冲击力，重视消费者的感受和心灵。

案例2

1954年的一天，M&M糖果公司的总经理想让罗瑟·瑞夫斯为自己的巧克力做一个广告，广告创意营销能为他招来更多的消费者。于是，双方进行了一番谈话，在谈话进行了十分钟之后，罗瑟·瑞夫斯认为在这个产品之中，他已经找到了客户想要的创意营销。当时，M&M巧克力是美国唯一一种用糖衣包裹的巧克力。下一步，怎样把这一独特的销售说辞体现在广告中呢？罗瑟·瑞夫斯认为其独特的销售说正在于此。最后，在M&M巧克力的广告中，他把两只手摆在画面中，然后说：“哪只手里有M&M巧克力呢？不是这只脏手，而是这只手。因为，M&M巧克力——只溶在口，不溶在手。”后来，“只溶在口，不溶在手”成为一句经典的广告词。

方法解析

罗斯·瑞夫斯是达彼思广告公司的老板。他提了出USP理论，即独特卖点理论。该理论认为：①提出一个主张，体现特殊的产品利益；②独特，是别人没有的；③说服力强，有销售力。

独特卖点理论的成功关键有两点：一是确实能找到产品不同于其他产品的独特性，正如M&M广告词“只溶在口，不溶在手”。但在产品同质化的今天，这种方法越来越难。二是虽然产品不独特，但是说出大家未说的，形成区别，成为第一个这样说的，这样也会使创意成功。如喜立滋啤酒广告，其广告词是经过蒸汽消毒，虽然它并不是唯一这样做的，但它第一次这样说，让人觉得安全放心，潜意识里感觉到其他啤酒没有经过蒸汽消毒一样，所以放心地选用，从而也获得了成功。为此，在实践中，要么用第一种方法，找出产品的绝对差异化；要么用第二种方法，做前人之未做，说前人之未说。

案例3

奥格威提出了品牌形象论（简称BI）。作为世界上最有名的广告撰文者，奥格威的那些经典之作被一代又一代广告人传诵着。

在时速六十英里时，这辆新款劳斯莱斯汽车上的最大噪声来自它的电子钟。（劳斯莱斯汽车广告语）

多芬香皂不但能深层清洁皮肤，同时它对皮肤还有保护和润泽作用，洗澡特别舒服。（多芬香皂广告语）

而那条著名的海撒威衬衫广告，则成了广告界绝无仅有的一个范例——以最快的速度最低的广告预算，让默默无闻了116年的海撒威制衣厂一夜走红。海撒威衬衫的广告预算只有3万美元，奥格威为海撒威衬衫做了18种设计方案，“让模特戴上眼罩”本来是最后一套被大家否决了的方案，但在去摄影棚的路上，他忽发冲动，钻进药店，花1.5美元买了一只眼罩，连奥格威自己也不明白它为什么会大获成功。

方法解析

奥格威作为“最伟大的广告撰稿人”“广告教皇”、20 世纪 60 年代美国创意营销革命三大旗手之一，主要观点包括以下内容。

产品同质化，相似点越多，理性考虑越少，BI 是创作有销售力广告的必要手段；形象，指品牌个性，个性鲜明，才能让人心动并行动；BI 要反映消费者的自我形象，香烟、汽车、西服、格调等，消费者购买追求的是实质利益 + 心理利益；广告是对品牌的长期投资，保持风格形象积累，是长期战略，应使其不断成长和丰满；影响品牌形象的因素很多，包括名称、包装、价格、广告风格等。

可见，其理论要点是塑造品牌，是广告最主要的目标。

案例 4

“定位”（Positing）认为广告应该为竞争中的产品确立一个独特的位置。所谓的定位，就是利用广告为产品在消费者的心中找到并确立一个位置。一旦定位成功，当消费者面临某一特定问题需要解决时，就会自动想到这个产品。如艾维斯租车公司（Avis）的“我们第二，但更努力”的广告。这个广告是威廉·伯恩巴克创作的。这一主题的广告使几乎破产的艾维斯有效地对抗了出租车行业的老大赫兹（Hertz）并取得了自己的独特地位。

方法解析

威廉·伯恩巴克的“我们第二，但更努力”作品是典型的“如何说”的创意营销思路，因为从“说什么”的角度考虑，“第二”是一个并不值得宣扬的特征。然而，这则广告也成为“定位”创意营销策略的经典，则说明各种广告创意营销方法有时是相互交融的。方法的分类只是为了更好地理解其中的创作思路。

定位法注重在逻辑的基础上进行产品在消费者心中的区分。如盖天力“白+黑”感冒药广告，“治感冒，黑白分明，白天服白片，不瞌睡，晚上服黑片，睡得香”，也是定位理论的应用，凭借这一广告，盖天力取得了180天占15%市场份额、销售4万箱、实现产值1.6亿元的业绩，让人刮目相看。

案例5

通过李奥·贝纳创作的“绿色青豆巨人”这个广告来说明固有的刺激法。这个广告是李奥·贝纳为“绿巨人公司”所创作的。当时，那家公司的名称还叫作明尼苏达流域罐头公司。广告的标题是：月光下的收成。文案是：“无论日间或夜晚，青豆巨人的豌豆都在转瞬间选妥，风味绝佳……从产地到装罐不超过三个小时。”李奥·贝纳解释道，如果用新罐装做标题是非常容易说的；但是月光下的收成则兼具新鲜的价值和浪漫的气氛，并包含着特种的关切。“在月光下收成”，这在罐装豌豆的广告中的确是难得一见的妙句。

方法解析

李奥·贝纳的创意营销给人的印象深刻，他通过热情、激情和经验，创造了广告文案的“内在戏剧性效果”。他认为，成功广告的创意营销秘诀在于发掘产品本身内在的固有的刺激，他自己把这种刺激称为“内在的戏剧性”。在一次演讲中，李奥·贝纳自己以该广告为例，论述了可能出现的三种背离固有刺激创意营销法的做法。

一是用许多不证自明的事实写成一篇毫无趣味的自吹自擂的文章。这种人可能会这样写广告——“如果你想要最好的豌豆，你就要青豆巨人。青豆巨人经过精心种植与罐装，保证你最后对味道满意。因为他们是同类产品中最好的，所以这些大而嫩的豌豆在美国最畅销。今天就在你买东西的食品杂货店中买一些吧。”

二是用明显的夸大之词构成了夸张的狂想曲。李奥·贝纳指出，有这样倾向的创意营销人员可能会醉心于这样的文案——“蔬菜王国中的大颗绿宝石。你从来不会知道一颗豌豆能够像这样的——似露的甜蜜，像六月清晨那么新鲜，并洋溢着浓浓的芬芳。把它端到烛光照射的餐桌上，如果你丈夫把你的手握得更紧一点也不足为奇。”

三是炫耀才华，舞文弄墨。这类创意营销人可能会这样写下去——“这种豌豆计划永远终止蔬菜战争。青豆巨人，它不过与玉米粒那么大，剥豌豆的人能够剥下。青豆巨人有一个保证豌豆永存于世的计划——豌豆在大地，善意满人间。”

案例6

威廉·伯恩巴克利用实施过程重心法的著名作品是为大众金龟车所做的系列广告。金龟车被初次介绍到美国市场时，被认为有四个特征：外观不漂亮、小、后引擎驱动、外国制造。这四个特征皆不被看好。在此之前，美国所有的汽车广告都是展现富丽堂皇或赏心悦目的图景。然而，伯恩巴克却在产品特点的基础上，抛弃传统的诉求方式，以幽默和别致的创意营销制造了广告史上的奇迹。

金龟车的系列广告画面都很简洁，只是单纯的金龟车，通常是黑白两色，主标题是“想一想小”（Think Small），标题简单却富有深意。下面让我们来看几则金龟车的广告。

1. 柠檬篇

这则广告以“柠檬”（Lemon俚语，意为不合格被剔除的产品）为标题，画面是一辆看不出任何瑕疵的金龟车，那么，为什么说它是“柠檬”

呢？广告文案写道："这部车子没有赶上装船，因为某个零件需要更换。你可能不会发现那个零件的问题，但是我们的品质管理人员却能检查出来。在工厂里有3389人只负责一件事，就是在金龟车生产的每一道过程严格检验。每天生产线上有3000个员工，而我们的品质管理人员却超过了生产人员。任何避震器都要测试，任何雨刷都要检查……最后的检验更是慎重严格。每部车经过189个检查点，在刹车检查中就有一辆不合格。因此，我们剔除'柠檬'，而你得到好车。"

2. 蛋壳篇

这则广告标题是"某种外形很难再改良"。广告文案是这样的："问任何一只母鸡都知道，你实在无法再设计出比鸡蛋更具功能的外形，对金龟车来说也如此。别以为我们没有试过（事实上金龟车改变将近三千次），但是我们不能改变基本的外观设计，就像蛋形是它内容物最合适的包装，因此，内部才是我们改变的地方。如马力加强而不耗油、一档增加齿轮同步器、改善暖气，诸如此类的事。结果我们的车体可容纳四个大人和他们的行李。一加仑可跑大约32英里，一组轮胎可跑4万英里。当然，我们也在外形上做了一些改变，如按钮门把，这一点就强过鸡蛋。"

方法解析

威廉·伯恩巴克的实施过程重心法，是指他造成这样创意营销的过程：将客户的产品与消费者联系起来，明确人类的品质与感情扮演怎样的角色，然后广告决定如何利用电视或平面形式向消费者传递信息并赢得他们。伯恩巴克认为广告信息策略的"如何说"这个实施的部分可以独立成为一个过程，形成自己的内容。这就是所谓的实施过程重心法。他还说："我警告你们，不要相信广告是科学。"伯恩巴克就是采用这样自信而绝对的说法来强调自己的广告哲学。他首倡美术指导和文案人员的协作。他坚持认为，广告的秘诀不在于"说什么"，而在于"如何说"。但是，他其实并不是否定研究和分析的重要性，他说：“逻辑与过分的分析使创意营销失去灵性和毫无作用。”他的意思是不要把研究和分析当作救命稻草，不要让创意营销被数字束缚灵活性。他认为周密的创意营销实施过程离不开以下四点。

1. 要尊重消费者。广告不能以居高临下的口吻与你的交流对象说话。

2. 广告手法必须明确、简洁。广告必须要把要告诉消费者的内容浓缩成单一的目的、单一的主题，否则广告就不具有创新性。

3. 广告必须与众不同，必须有自己的个性和风格。广告最重要的东西是要有原创性和新奇性。

4. 不要忽视幽默的力量。幽默可以有效地吸引人的注意力，使人得到一种收听、收看和阅读的补偿。

第14天 品牌个性化

案例

1. 阿迪达斯：突出性能

阿迪达斯（Adidas）不像Nike做那么多广告，可是却塑造了自己的品牌，正是由于它把焦点放在性能上，所以能够不断壮大。阿迪达斯的创新之举包括以下几点：一是细节：足球鞋的饰钉、跑鞋的鞋底钉、尼龙鞋，是帮助阿迪达斯建立品牌优势的三个创举。二是性能：阿迪达斯的创办人Adi Dassler先生曾是一个运动员，他的梦想就是为运动员们设计制作出最合适的运动装备。所以他从来没有忽略过产品的性能，总是在寻找更多的方法，让使用阿迪达斯品牌的运动员能提高竞技水平。三是历史：阿迪达斯通过传统的运动部门来保持传统的生机，它的复古系列不但不会让这个品牌显得古板落伍，反而在年轻人当中被认为是最时尚的。四是关键影响力：阿迪达斯选择了 Run Dmc 等笑星，加上贝克汉姆等体育明星来做广告，从而赋予这个品牌在街头大众及体育领域的好名声。五是理念：阿迪达斯从运动鞋的角度出发，一直秉持 Adi Dassler 完美制鞋的理念。尽管运动服饰市场竞争激烈，各种品牌的理念和主题精彩纷呈，但是阿迪达斯始终坚持自己的理念。

2. 芭比娃娃：突出童话

芭比娃娃（Barbie）是女孩子最喜欢的礼物，售价不低，可是买的人却不少，芭比娃娃的成功之处包括以下几点：一是顺应时代的趋势。通过努力跟上最新的时代趋势，芭比娃娃 40 多年来始终是世界上最受欢迎的娃娃。从 1970 年开始，“她”的形象从一开始的“服装模特”，进一步扩大到各行各业，如芭比飞机驾驶员。芭比满足了绝大多数女性朋友想在现实生活中拥有而实际上却不能实现的愿望。到了 21 世纪，“她”已经成为一个童话人物。二是活力。人们第一眼可能很难看出，这样一个完美女性的形象，可以给女孩子们带来什么样的活力。

芭比还曾有一个“男朋友”肯尼，“他”是一个温和、中性的男生形象。在 2004 年，芭比公司特意召开记者招待会，向全世界的芭比娃娃迷宣布，芭比抛弃了肯尼，“她”现在的新“男友”是澳大利亚人布莱恩，因为肯尼太温和了，无法跟上芭比成长的节奏。在这场性别战争中，芭比是赢家。对于芭比而言，女人味不是软弱，而是力量的象征。这些都符合了现代女性的观念和追求。

3. 可口可乐：突出第一

可口可乐（Coca Cola）永远是全球的第一品牌，它成功的秘诀主要包括以下几点：一是广告。可口可乐花在品牌上的钱与花在产品上的钱一样多，它不断地做大量的广告来宣传品牌，可口可乐公司是行销成本超过生产成本的典型公司之一。二是自信。自信就是吸引力，从可口可乐的广告词里我们可以充分感受到这一点。可口可乐的广告词如下。

可口可乐是最伟大的全国非酒精饮料！（1925 年）

我们是唯一的正宗货！（1942 年）

你要的就是可口可乐!（1952 年）

可乐就是它!（1982 年）

永远的可口可乐!（1993 年）

自从第二次世界大战以来，可口可乐就宣告自己是“正宗货”。虽然在可口可乐之前市场上就已经有很多可乐饮料（如含酒精的 Vin Mariani），而且百事可乐在可口可乐问世不到 10 年之后也问世了，但是可口可乐始终被认为是市场上最正宗的可乐饮料。三是始终如一。可口可乐保持了始终如一的形象，这个形象是在罗伯特·伍德拉夫（Robert Woodruff）长期管理该公司期间建立的，他从 1923 年到 1981 年长期担任可口可乐公司的总裁，直到 1981 年才由罗伯特·戈伊苏埃塔接管。事实上，该公司在悠久的发展历史当中一共有 10 名执行长。四是吸引年轻人。可口可乐从一开始就将目标顾客锁定为年轻人。1880 年到 1980 年，公司在亚特兰大的学校通信录上登广告。1931 年，它与圣诞老人联合拍广告，以一张圣诞老人畅饮可口可乐的图画成为史上最著名的名人代言宣传行动。五是美国身份。从早期的传奇人物泰柯布，到印有可口可乐商标的欢迎美国太空人从太空遨游归来的大型旗帜，20 世纪的可口可乐形象是纯美国特色的。在第二次世界大战期间，可口可乐公司在艾森豪威尔将军的要求下，把大批的可乐送到海外参战的美军手中。美军战士在遥远的战场，喝着美国制造的可口可乐，告诉自己一定要回到家乡，于是可口可乐变成了爱国精神的象征。六是美学。可口可乐在美学上做得非常好。在瓶子设计大赛中获胜的参赛作品是最简单的曲线玻璃瓶，很多人都认为它是历史上最好的商业设计作品。1955 年推出的红白罐的特有形象是该公司重视美学品质的另一证明。

4. 哈利·波特：突出故事

“哈利·波特”（Harry Potter）在 2004 年席卷了全球，全世界的人们都争先恐后地观看电影《哈利·波特》。“哈利·波特”成为一个著名品牌，它的成功包括以下两点：一是说故事。罗琳的《哈利·波特》和托尔金的《魔戒三部曲》一样，是有史以来最受大众欢迎的故事之一。它是逃避现实的梦想，因为人人都希望自己也能够拥有魔法，所以，具有广泛的读者群。二是基本功。《哈利·波特》的作者罗琳女士在1997年刚出版这本书的时候，就在全英的独立书商和儿童书店做巡回宣传，几乎家喻户晓。

5. 索尼：突出先驱

索尼（Sony）把自己定位为市场上的先驱品牌，所以需要不断地研究出更多更新的东西，索尼的战略包括以下几点：一是不盲信市场研究。作为一个真正的先驱者，索尼对市场研究经常保持审慎的态度，如果当初倚赖市场研究，很多产品就绝对不会被发明出来。“我们认为没有任何市场研究会告诉我们它会成功”“大众不知道什么是可能的，但我们知道”。二是创新。Sony就是创新品牌，未来也将保持如此，它的新重心在于“连接”——即家庭娱乐的结合。Sony公司的市场行销方案已经设计到2050年了，Sony给消费者的感觉就是创新。三是相信流行。当Sony公司做出第一个随身听之后，它要求Sony的全部员工带着随身听在东京街头走动，从而创造了一股流行风潮。当“Mini Disc”在英国推出时，宣传该产品的明信片就被摆在时尚的酒吧和俱乐部内。四是对人的信念。Sony一直很重视人，它的广告从来都不会忽略人的因素，Sony的广告标语是“Products For People（人性化产品）”。Sony总是尽可能找到让科技与人更容易亲近、更友善的方法。同时，对人的信任也扩大到对待他们自己的员工，“绝对不要打破别人的饭碗”是公司创始人盛田昭夫的至理名言，他也坚持在经济不景气的时候，宁愿牺牲企业获利，也不要轻易裁员。

方法解析

上述案例都从不同角度塑造了不同的品牌形象。每个品牌都是有个性化的，正像塑造人物一样，要挖掘好品牌的个性，使其性格显明，个性分明，才能给人留下深刻的印象。

第 15 天　服务人性化

案例

1. 节庆关怀

全年行销我们有很多方法可以利用，如利用节假日行销。现在的节日特别多，儿童节、父亲节、母亲节、情人节……情人节还分成两个：一个是 2 月 14 日西方情人节；另一个是 3 月 14 日白色情人节。按照日本的习俗，2 月 14 日是男生送礼物给女生，3 月 14 日是女生送礼物给男生。

此外，中国还有各种农历的节日，如中秋节、端午节等。农历七月初七牛郎织女见面日，是中国的情人节……所以我们在一年当中可以利用节庆不断地行销。

2. 顾客为先

麦当劳 2002 年在亚洲区的业绩出现亏损，于是它推出了近 50 年来最大的改革——重新定位，采取创意营销的方法，既稳定老顾客，又吸引新顾客，结果大获成功，扭亏为赢。麦当劳的行销策略如下。

（1）品牌吸引策略。现在麦当劳所有广告都是“我就喜欢！”（I'm Lovin'It）通过不断地暗示消费者“我就爱麦当劳”，直接强化品牌喜好度。麦当劳还舍弃了麦当劳叔叔——那个不会讲话的满脸通红的人，而是找王力宏、陈慧琳、蔡依林等年轻人喜欢的偶像明星来代言，利用移情作用，把年轻人对明星的喜爱转移到对麦当劳的喜爱上。

（2）吸引潜在顾客。麦当劳海外策略已经开始改变方式，它本来是速食连锁店，现在转型为健康餐厅，推出了健康沙拉餐，吸引注重饮食健康的人士。如以前妈妈带着孩子去麦当劳，妈妈自己不会吃麦当劳，因为她觉得汉堡、薯条等不利于健康，吃了还会长胖。现在妈妈们还是陪着孩子去麦当劳，孩子依然吃薯条，可是妈妈可以吃健康沙拉餐。

（3）留住老顾客。因为慢食文化的兴起，原有顾客在慢慢流失，所以麦当劳开始改变方式，在原有的店中开辟出慢食区，里面有舒适的沙发、免费的杂志、现场手工煮的咖啡等，一方面防止老顾客的流失，另一方面也可以吸引带孩子来的父母。在一般的麦当劳餐厅，顾客都要自己走到柜台前面去点餐。但是在纽约百老汇大街有一家麦当劳，顾客进去之后会看到，在二楼与三楼交接的平台上有一个人在弹钢琴，现场演奏，麦当劳员工全部穿着燕尾服，戴着燕尾帽，有员工会把顾客引到座位上，帮顾客点餐并帮助送过来，这家开在百老汇的麦当劳已经被纽约市政府选为“到纽约一定要参观的100个景点之一”。

（4）留住新顾客。被广告吸引来的新顾客，除了可以吃到“有麦当劳感觉”的汉堡外，还可以有其他多种选择，如儿童餐、成人健康餐等，满足多元顾客群，从而让顾客愿意再次光临，甚至因为喜欢麦当劳体验而成为忠实的顾客。

（5）倍增顾客。麦当劳还推出了“寄生店”，即只卖麦当劳冰品的小摊位，置放在百货公司入口区或是大型活动时置放在人流涌动处，为麦当劳增加顾客。

3. 欢迎试用

大多数企业把产品生产出来后，会先进行市场调查，然后再对产品定价，如先把产品免费送给消费者试用，然后根据顾客的反映来定价。让顾客在使用中了解产品并衡量其价值，这是有效的行销方法，也是最实惠的广告。

4. 真诚关怀

行销大师乔·吉拉德还是一名汽车销售员时，每个月都会寄一张卡片给自己的客户。虽然他没有直接说“请买我的汽车”，但是正是这种“不说”的推销方式，反而给人们留下了十分深刻而美好的印象。客户在准备购买汽车的时候，往往第一个想到的人就是乔·吉拉德。乔·吉拉德的行销方式收到了意想不到的效果。

5. 以人为本

假如你住在四季饭店，那么每天走进饭店大门的时候，服务员会叫出你的名字，向你问好，并且用对讲机通知里面的服务员，其他的服务员会立即为你提供各种服务。每一层的服务员会立刻知道你住哪一个房间。当你来到电梯口，就会有服务员问“××先生，您需要什么服务”；当你一进入电梯的时候，刚才的服务员立刻就会通知楼下的人，说××先生已经到楼下了；如果你出了电梯是往餐厅方向走，就会有服务员立刻通知餐厅，说××先生已经快走到餐厅门口了；而当你走到餐厅门口的时候，就会有服务员问“××先生你好，今天要吃什么餐”，如果你以前来过，他就会问你“请问××先生，您还坐上次的位置吗?”因为只要你来过一次，你坐过的位置编号就会被存入电脑系统，以供将来你再次光顾时为你服务。人是有感情的，作为服务行业的员工就是要用心为顾客服务，设法洞悉顾客的需求，从而提供给顾客最满意的服务。

6. 快速响应

戴尔电脑行销的关键之一是“10平方米哲学”，即它所有的订货都可以在一个10平方米大小的地方完成装配。因为所有的库存都非常精简，流程也很精确，所以不需要很大的工作台，也不需要复杂的配送，就可以立刻做最直接的组合。电脑行业的市场竞争日益激烈，只要慢半步就有面临死亡的危险。自从进军电脑界，虽然危机四伏，但戴尔公司始终以顾客至上为宗旨，以自己独特的营销方式进行超速销售，因此取得了非凡的业绩。所以在行销中，既要讲究速度，也要讲究效益。

7. 理性关怀

意大利人蒋凡可·兰奇担任台湾宏碁电脑公司总经理一年内，宏碁的股票涨幅达到50%，这是对宏碁整个新团队的肯定。蒋凡可·兰奇上任后，首先做了一件事，把全中国1000多个经销点裁掉113个，如宏碁在西藏有个经销点，但是当时只有两个人在本地买宏碁的电脑，宏碁却需要一个团队去服务那两个人，所以他宁愿放弃西藏市场，集中精力去开发别的市场。可见，关怀也需要理性，理性收缩也是创新。

8. 处处留心

带橡皮擦的铅笔的发明者是海曼·利普曼，他在写字的时候常常因为找不到橡皮擦而苦恼，于是他就想到把橡皮擦绑在铅笔上面，后来他又发现与其把橡皮擦绑在铅笔上面，不如直接把它固定在铅笔上面，于是就产生了有橡皮擦的铅笔。企业有时在开发产品时并不需要特别专业的知识，只要留意生活琐事，然后稍加变化，就可以提供给人们更多更方便的产品，这就是成功的商品。

方法解析

> 上述案例都是从人性化的角度出发做的创意。现在的消费者越来越重视产品的人性化，只有以人性化的手法，真诚地对待消费者，以情感人，以情动人，以情引人，才是创意营销的最高境界。

第16天 点子带来金子

案例

全球最大的现代化办公设备制造商施乐公司，1990年业绩曾出现巨大的滑落。为了扭转形势，施乐公司采用了非传统的方法，它们设立了一个由12岁到18岁的青少年组成的智慧库，作为协助公司求生存的途径之一。“我们并没有专注于任何创造的结果，而是侧重于创造一个环境，我们要做的是尽可能在最单纯的状态下抓住这些青少年的思考方式、行为和反应。”因为年轻人想到的东西可能是最新鲜、最特别的，所以智慧库不是由博士生或企业家组成，而是由一群青少年组成。一家创新公司的特征就是“很少有答案，可是经常有问题”。所谓好的问题，有三个关键点，分别是：①如果要跟上形势的发展，你必须问正确的问题；②如果要超越对手，你必须问正确的问题，并找出正确的答案；③如果要保持领先，你必须在正确的时间内问正确的问题，并找出正确的答案。

如果迷你裙在20年前进入中国内地市场，肯定不能赚钱，因为当时没有人敢穿；如果20年前在内地经营珠宝店也不能赚钱，因为当时的人们还没有购买力，而现在珠宝市场越来越红火，可见只有在恰当的时间做正确的事才能赚钱。创意营销就是致富的知识货币。只要有创意营销，到处都会有商机。商人面临的阻碍和困难往往非比寻常，不管是什么样的麻烦，只要能够乐观面对、冷静迎战，都可以想出轻松回击的办法。如果眼前出现危机，就让脑袋多转几个弯，自然就会想出绝妙的好点子，让人生更加精彩。

我们在麦当劳买了饮料放在车上，开车的时候如果拐弯或者紧急刹车，饮料就会洒出来，所以很不方便携带。但是有一个人从中却看到了商机，他的创意营销就是在杯子上添加一个自动压缩模，压上去之后即使把杯子倒过来，里面的饮料也不会流出来。

方法解析

为了适应形势的发展，就要建立能够促进创新的环境，而创意营销就是致富的知识货币。微软的董事长比尔·盖茨说："在个人电脑这个行业，创新就是成功之路。"所以我们看到电脑体积越来越小、存储量越来越大、运行速度越来越快，任何东西都在不停地创新。

第 17 天　缺点可变卖点

案例

录像机的技术最先是由日本索尼公司发明的，索尼公司推出的Betamax录像机曾在市场上取得领先地位。还有一家公司叫松下，松下在经过市场调查之后，了解到消费者最需要的录像机功能项目，于是在索尼公司急于把录像机推向市场的时候，松下公司用半年的时间来潜心研究索尼的录像机存在哪些问题和缺陷以及怎样更好地改进录像机的功能，在追求卓越的信念支撑下，松下的录像机投放市场之后，反而更受消费者欢迎。

为了帮助同样受限于身高而找不到工作的侏儒朋友，吉姆特纳创办了一家“侏儒餐厅”，餐厅的工作人员都是身高在 120cm 以下的侏儒。由于十分具有特色，餐厅吸引了不少人前来消费，吉姆特纳就很好地利用了人的身材矮小这一缺点，并把缺点转换成最佳的卖点。

方法解析

改正缺点，可能就是最好的卖点。只要我们在等待时机的过程中，能充分积累，并且积极修正不足，那么，即使慢别人半步，最后也能以加倍的速度超越对手。

将缺点转换成最佳的卖点。在有些情况下，缺点需要进行修正才能成为卖点。但在另外一些情况下，缺点本身就可转换为卖点。因为有时候缺点就意味着标新立异。

第 18 天 好梦带来好销量

案例

在上海的一场拍卖会上，有人把美国的土地产权拿来拍卖。2000 张标价为 2188 元人民币的土地所有权证被抢购一空，一个月之后一张土地权证暴涨到 20000 多元人民币。虽然这种土地所有权证是所有人的共同拥有，每个人只占其中很小的一部分，但是购买者觉得自己如果拥有了一张土地所有权证，就仿佛真的成了美国的居民。消费者的心理就是这样奇怪，而拍卖会上贩卖的就是一个美国梦。

方法解析

世界上最珍贵的商品是“梦想”，运用消费者的心理来刺激消费意愿，效果最为显著。当消费者的心理得到了满足，“梦想”得以实现，其他的因素就变得不重要了。

第 19 天 好奇带来好效果

案例

1973 年，台湾摩托车市场上共有 12 家摩托车厂商的产品。诸强林立，其中富士、铃木、光阳、山叶都与三阳处于伯仲之间，三阳从未取得过太好的市场份额。

三阳决定于 1974 年推出一种新型摩托车（125CC 的重型摩托）。厂商利用有规模的广告公司帮助打响新品牌，脱离困境。于是一场“无中生有”之戏就慢慢拉开帷幕。

1974 年 3 月 26 日始，台湾的两家主要日报上登出了一则没有注明厂牌的摩托车广告。将近半版的篇幅，四周加宽边，里面保留一块空白，上方有一漫画式的摩托车插图，下方六行字：“今天不要买摩托车。请您稍候六天，买摩托车您必须慎重考虑。有一部意想不到的好车就要来了。”

第二天，继续刊登这则广告，只改了“请您稍候五天”的数字。同行们纷纷抱怨，为何不让消费者买车。他们的营业额都减少了。

第三天，“请您稍候四天”，各地的经销点都反映生意减少。

第四天，内容取消了“今天不要买摩托车”，改为“请再稍候三天。要买摩托车，您必须考虑到外形、耗油量、马力、耐用度等。有一部与众不同的好车就要来了”。这一天，该厂的推销员们大叫“受不了”，几天来的广告，大大地影响了他们的推销数量。

第五天，内容改为“让您久候的这部无论外形、冲力、耐用度、省油等，都能令您满意的野狼 125 摩托车，就要来了。请您再等两天”。

第六天，内容又改为“对不起，让您久候的野狼 125 摩托车，明天就要来了”。

第七天，这种新产品正式上市，刊出了巨幅广告，造成了大轰动，三阳发送各地的第一批几百部“野狼”摩托车，全部立即售完。若干地区的经销商等不及厂方送货，自己派人到工厂争着取车，以应付买车的需要。野狼成了市场上的热门货。经销商的销售信心提高了，随着三阳生产的野狼摩托车声名鹊起，连以往三阳生产的其他型号的摩托车也变得好销得多。

方法解析

挑动好奇心一直是广告行销中非常重要的方法，通过挑动消费者的好奇心，不仅能激起人们的热烈讨论，更能创造绝佳的宣传效果。一种新产品打入市场的办法，就是利用消费者的好奇心，制造悬念，引起广泛关注，从而一举夺得轰动效应。

第三单元
从需求入手做创意营销

调查显示，购买商品的25个理由如下：赚钱、省钱、省时、省力、舒适、更清洁、有格调、减轻身体疼痛、拥有美丽事物、更受欢迎、吸引异性、保护财产、增加欢娱、满足好奇、保护家庭、得到赞美、满足腹欲、超越他人、避免麻烦、免受批评、保护名誉、掌握机会、安全保障、工作容易、展现个人风格或体现个人身份，这些体现了消费者的个人需求。创意营销可以从需求入手。

第20天　迎合心理

案例

1. 学琴的孩子不会变坏

早年，某一个钢琴的品牌，提出“学琴的孩子不会变坏”，许多家长都是为了这句话而在家中为下一代添购了钢琴。

2. 帮宝适的迎合心理法

有一婴儿纸尿裤在美国刚上市推广的时候，制作了一个很煽情的平面广告来打开市场，标题是“不用洗尿布的妈妈又开始谈恋爱了”。画面上，打扮得漂漂亮亮的新潮妈妈正和丈夫亲昵地靠在一起，就如热恋的情人一般。在广告尚不流行的当时，这种创意营销可以说是相当富有新意，登出来后引起了许多人的瞩目，但是市场效果却欠佳。吸引人们目光的广告却打不开市场，这令产品开发商百思不得其解。后来，通过一系列的访问和市场调查，终于弄清楚了症结所在。不少家庭主妇认为这则平面广告虽然好看，让人不禁羡慕那个打扮入时的美丽妈妈，但她们一致觉得如果自己为了成为漂亮妈妈而不去洗尿布，便成为懒女人，所以没有几位主妇愿意为了方便去买纸尿裤给自己的宝宝穿。问题找到了，公司召开紧急会议，提出了新的推广主题。因为时间紧迫，所以就干脆用几行字代替了原来的精美图片。这一次他们的诉求点放在“用纸尿裤能够带给宝宝干爽、舒适的感觉”上。这样一来，妈妈们能够理直气壮地为了宝宝的健康而购买纸尿裤了。果然，广告一推出，市场上的纸尿裤就立刻被抢购一空，销售量大幅提高。从此，纸尿裤渐渐代替了传统的尿布。

3. 巧克力广告：迎合青少年的特立独行心理

康奇巧克力食品酥的一支电视广告片中，一位中学生模样的女孩坐在了电视机前，不停地换台。最后，她选定了一个供少男少女观赏的情景喜剧。然而，俗套的情节很快让她倒了胃口。她拿出一块康奇，咬了一口。顷刻之间，电视上猛烈震动，布景倒塌了，一片惊叫。康奇的这种情景喜剧玩游戏，正是为抓住它的目标消费对象——青少年，康奇知道：少男少女笑骂这种节目已经成为一种圈内时尚，他们越看越觉得愚蠢，越愚蠢越挖空心思地去从中寻找笑料。康奇在广告中让它的女主人公摧毁了令人生厌的电视剧，借此证明自己与目标消费对象是英雄所见略同，是具有相同价值观的一家人。简单、清晰、有冲击力的创意营销——既有吸引力，又具震撼力。

方法解析

创意永远是广告的灵魂，没有创意的广告会像黑夜中的航船一样，迅速消失在信息的海洋中。一个广告公司不管有多强的实力、多大的名声，如果不再以非凡的创意营销能力为荣，就是百分百的堕落。创意营销是创造，但它有规律可循，就像诗歌是创造但有规律可循一样。迎合客户的心理，是一种有效的创意方法，它实际上是为客户提供了购买本产品的一种理由。

第21天 角色分类

案例

（一）14 种角色的需求

训练获得受众角色的能力，必须先要对“角色”有最基本的认识，虽然社会发展越久，“角色”种类就越多，但是最基本的只有那么几个，以下是古希腊神学家根据神话故事、经典传说总结出来的14类基本角色，其他的角色都是从这14类派生出来的分支（这些角色名称都是忠实于希腊文翻译出来的，因为时代久远，有的名称和现代人意义已经不同，但是内涵还是一样的）。

1. 天真者

不是年幼不知事，这里的天真是保持自我个性，自在地做自己。为什么人愿意扮演这个角色，因为不被人性龌龊污染是人生一种快感，同时，天真者容易得到别人的爱怜和帮助。像小燕子、灰姑娘等就是这个角色。这个世界上，有人所喜欢的天真者是徐静蕾，倒不是因为她有才华，而是她依仗才华敢我行我素的勇气让人喜欢，她发表了一篇文章标题是“一切困难都是因为不成熟带来的”，或许，她要成熟了，但成熟的女人却没有天真之美。

2. 探险家

这个探险家不是指孤身穿越自然峡谷的人，这个角色指冒着各种危险和代价，敢于探索人类社会里神迷险恶峡谷的人。这个角色对人的吸引力在于，获求未知世界的秘密会获得极大的快感，这个“角色”赞美面对未知世界的勇气。爱做试验的小学生，爱思考领导讲话对错的人，远离家乡南下广州、深圳的打工者，原来开服装店现在开从未涉猎过的网吧的生意人，都是探险家。

3. 智者

人们为什么想做“智者”，不是因为读书真的很快乐，而是人生苦难，而知识可以让人获得解脱，很典型的实用主义。懂得管理的人，不会被公司混乱限制；懂得财务管理的人，不会受限于信用危机；懂得人生资源管理的人，不会走到山穷水尽的地步，所以人人都想做“智者”。智者就是俗话说的聪明人，包括运筹帷幄的孔明型人物和买酱油节约了5分钱的老大娘。

4. 英雄

我们知道的英雄很多，但是知道什么是英雄的人很少，做到别人做不到的事情，就是英雄，成为英雄则可获得超过别人的快感。打工妹创造百万财富，做好一个大公司可以对着媒体张扬，做好一个小摊可以回家对村民张扬……这些人都会认为自己是英雄。

5. 亡命之徒

这里的“亡命之徒”不是穷凶极恶的歹徒，而是更接近于“革命者”，“革命”是为了新的规则，不怕流血流汗，规矩就是用来被破坏的，因为革命要冒失败后倾家荡产的危险，所以古希腊人把他们称为“亡命之徒”。生活中那些大刀阔斧进行改革的，苦苦追求创新的人，都是亡命之徒。

6. 魔法师

像魔法师一样，使奇迹发生，让梦想成真，是人的渴望。“英雄”做到的事情可能非常曲折，但是可以完成，而“魔法师”要做的事情看上去完成不了，除非发生奇迹，这个角色的快感在于：完成不可能完成的任务。数年前过独木桥考上清华的学子，明明没有钱而突然很有钱，都是魔法师角色的体现。

7. 情人

狭义的“情人”只指爱情关系，这里广义的“情人”含义还包括：以爱人的心，全心全意为别人付出，我心只有你。如报纸上“为了每个家庭造冰箱”的广告语，说的就是情人心态；如电视里男女主角历经千辛万苦，承受棒打之痛的鸳鸯，正是让电视机前无数痴男怨女流泪的完美“情人”角色。所以生产成本低廉的巧克力和戒指总能不断卖出高价，一句“只给最爱的人”，引起情人节的抢购。

8. 散播欢乐者

快乐的化身，把快乐传染给每个人，成为忧愁的终结者，有他（她）就有笑声。外婆的乖巧小乖乖、柯达记录的欢乐一刻，以及那些喜欢把幽默短信到处乱发的人，皆扮演此角色。

9. 照顾者

这个角色含义是全力帮助、保护别人并获得快感。这个角色很像活雷锋，很多人会认为扮演“照顾者”角色的人越来越少，特别是当今商品社会。除去亲情里的“父母”“长辈”是天然的照顾者角色外，“照顾者”存在于人的天性里，有的时候甚至表现得不那么高尚，如“好为人师”。照顾者的角色还体现在上级对下级的行为上。因为照顾别人会让自己变得高大，获得快感，所以“照顾者”角色绝对不会消失。

10. 统治者

权力不是一切，而是唯一。权力能让天下臣服，能让大脑产生强烈的“支配”快感，所以任何野心勃勃的人无不想扮演这个角色，在没有皇帝的今天，“统治者”这个角色渗透到生活里每个角落，如公司CEO，机构的一把手，甚至意识形态中的“意见领袖”。每产生一个小圈子，就有一个统治者，又被称为“领袖”。

11. 美的化身

美的化身，不是美神派来的大使，而是代表美，并且代表着美的标准，不符合这个标准，就不是美。爱美可以被解释成主动接受美的标准的行为，美也不仅局限于男人女人的身体上，思想也可能是美，比如一些关于美的标准有性感、白皙、温柔、知性、光滑、力量等。

12. 弄臣

中国人爱把弄臣曲解为“玩弄权术之臣”，“弄臣”原是指宫廷里专门为人带来笑声的文艺工作者，现在意义演变为：“把快乐放在终极目标的人”；要有快乐，才去做那件事情。电视广告里“和路雪”一刻，文秘妹妹吃“和路雪”，复印机纸片横飞都可以不管。“弄臣”这个角色侧面暴露了人的天性，那就是好吃懒做、不务正业，但是这个天性也不见得全是贬义，要不然就没有人“喝咖啡”“旅行”和享受天伦之乐了。每个人都是“弄臣”，如果没有子女乖巧听话，就没有人生育；如果工作没有回报，世界就没有劳动者。

13. 创造者

没有什么不能被创造出来。虽然这个世界并不存在真正的发明创造，最多是发现，真理如同珍珠，它没有出现的时候，静静躺在大海深处，但扮演这个角色时，人获得了新的快感。

14. 窥视者

发现不为人知的秘密。虽然翻译过来的角色名称过于难听，有点像在女更衣室安装摄像头的变态狂。但是，人性里面的“好奇”就暴露了每个人的窥视欲。为什么每个人都愿意做窥视者，是因为所有人都误以为自己被蒙蔽，都想做一个洞察背后故事的人。

大千世界，角色远远不止这 14 种，但都是这 14 种的混合杂交的结果，一个人通常扮演着多种角色，或者在此角色与彼角色中混杂。每一种角色都有相应的欲望，每种欲望满足后，都可以获得强烈的快感，甚至支持一生，使人不惜血本去追求，终身不悟。角色欲望的威力，比海洛因还强无数倍。某个人对角色带来的快感产生免疫力后，他甚至自动脱离角色，遁入空门。

（二）14 种欲望角色的故事配方

如前面所述，受众欲望的角色最基本的只有 14 种，其他的都是这 14 种排列组合而新生的。在传播世界里，每种角色都有自己的故事类型，有各自的起因、高潮、结局，强盗的人生一定和家庭主妇的人生不同，悲欢各异，每一个人都希望听到属于自己角色的故事。而创意营销工作，就是把欲望角色的故事讲出来，非常简单的是，每种故事都有“配方”，什么是配方呢？就是套路。

很多人都有这样的记忆，看了故事的开头就知道结果，此电视剧和彼电视剧看上去是一部电视剧，此小说和彼小说读起来像一本小说，这就是故事配方的宿命，而且无法摆脱。

1. “天真者”的故事配方

保持自我个性，自在地做自己，天真者的角色快感在于保持本色，我行我素。在“天真者”的故事配方里，一生一定经历很多误解，吃亏很多，但是最后都因为真诚和朴实而得到人的理解和尊重。电影《阿甘正传》里面的那个天真者，居然还获得了大笔财富，虽然所有观众都认为阿甘天真到傻的地步，但看到阿甘来回奔跑寻找真爱的举动，感染了无数人跟着奔跑的场景时，所有在电影院里的人当时无不热泪盈眶，被天真的力量所感动，并且懊悔自己在生活里若干动机不纯的举动，使自己丧失了伟大的力量。

2. “探险家”的故事配方

探险家的故事快感在于“获得了未知世界秘密的真相”。所以其故事的配方无非是，社会处于某方面的白痴状态，人遇到了不可知的事物，这个时候，有人就站出来，勇敢面对挑战，经过无数次试验，付出了巨大的代价，最终发现了秘密，认识到了事物的规律。有中国特色的社会主义道路，是前无古人、后无来者的一条新路，没有成熟模式可以借鉴，而西方的东西又不适合国情，所有人都在走探索的道路，政府鼓励全社会自己去摸索，所以，多半成功人士都把自己当作“探险家”，当作一些面对成功人士的产品广告，找不到合适的角色时，“探险家”的故事类型一般不会出错。

3. “智者”的故事配方

“智者”角色的魅力在于“真理可以让人获得解脱”，“众人皆醉我独醒”是先知们的快感。其故事套路无非是，所有人陷入麻烦不能解脱，用上九牛二虎之力，还是战战兢兢，如临深渊，此时，有人能抓住问题的要害，轻轻两下，问题解决，会迎来大家一片掌声。所以，很多有几年历史的公司都会在广告上打上“×年生产经验”这种带来品质保证的语言，因为“智者”角色给人安全和可信赖感。而“汇丰银行”还要突出自己全球经验，世界各地都有了解当地情况的人才，更给那些财主们信心，虽然真相是“铁打的营盘流水的兵”，汇丰也许正被人才流失问题困扰。

4. “英雄”的故事配方

英雄角色的快感来自于“做到别人做不到的事情，获得超过别人的快感”。其故事套路和“林则徐销烟”大同小异，清政府深受鸦片所害，但是慑于英国佬的坚船利炮，鸦片有禁无止，只有林则徐将个人生死置之度外，想出办法收缴鸦片并销毁掉，成为民族英雄。如果谁为企业解决了麻烦、痛苦，那么他就是企业英雄；如果谁为时代解决了麻烦、痛苦，那么他就是时代英雄；如果谁为班级争取到荣誉，那么他就是班级英雄。英雄的角色侧重于不怕困难、不怕死、敢于付出的英雄气概，甚至牺牲了洞房花烛夜，至于他达到目标的手段，可以是体力的，也可以是脑力的，不像“智者”角色那么挑剔。

5. “亡命之徒”的故事配方

亡命之徒这个词语来自于古希腊语言，其意义也不是真的连命都不要，重点强调他和原来的权威者做斗争，甚至付出代价，直到建立他和他代表的人群所需要的规则。其故事配方套路是，社会某方面被某些人控制着，这些控制者攫取了大部分利益，如金钱、美女、光环、地位等，一些后来的人就没有机会了，所以要去打破原来的规则，让“皇帝”轮流坐，这个过程当然是要“流血”的，所以他也要付出惨重代价，但是，他和他们后来成为统治者，成为新的利益主人。在大众传播里，“李宁”就采用了这个故事来对受众催眠，“再见，昨天的冠军”的广告语就是煽动青年体内的叛逆精神，得到符号的认同。

6. “魔法师”的故事配方

魔法师角色的魅力在于人人都想奇迹发生，让梦想成真。其故事套路和最早的“神灯”差不多，人有渴望不能满足的时候，有一件东西出现了，不管这个东西是人、是鬼，还是物件，总之，它使奇迹如人所愿般发生了。至于怎么达到目标的，不需要科学考证，人们需要的仅仅是奇迹出现。

7. “情人”的故事配方

这里的“情人”指全心全意为你付出真情，包括友情、爱情、亲情。情人的配方套路是，无论你是穷还是富，是丑还是美，是贱还是贵，是官还是民，“情人”都不会嫌弃，忠实地为你，在所有人都离开你的时候陪着你，在所有人靠近你的时候悄悄离去。这样的故事让人感动，对于那些处于困境需要帮助的人，最喜欢听到“情人”的故事，而对于那些善良未泯灭的人，也喜欢扮演“情人”的角色去帮助别人获得满足。

8. “散播欢乐者”的故事配方

也许人生苦难太多，生理上痛苦多于快乐，精神上痛苦也多于快乐，生存更是痛苦的肉搏，所以每个人都自动扮演“散播欢乐者”，其角色的魅力在于成为人人欢迎的快乐化身。而故事配方套路也无非是因为某人出现，让大家的生活更多欢笑，从而缩短人与人之间的距离，让心与心更近。

9. “照顾者”的故事配方

好为人师、爱邻如己、保护他人、助人为乐，以及存在于我们伦理道德的长辈与晚辈之间扮演的照顾和敬仰之情，皆说明“照顾者”角色没有被埋葬，而且，照顾这一动作的施力者和受力者皆可获得快感满足。照顾者套路是，某人正经历凄惨期，其故事让无数人落泪，这个时候，照顾者就出现了，他带着一份热心肠，无私地帮助受苦受难者，让我们相信世界上还有真爱至情，于是在冷漠的环境中，体内生出一份热切的感动。但不是所有的照顾者都那么惹人喜欢，如很多人好为人师，以及好心办坏事等，说明要成为“照顾者”，必须是至少能把自己照顾好的实力派人士。

10. “统治者”的故事配方

“统治者”这个角色魅力方程式是：权力不是一切，而是唯一。人们渴望扮演“统治者”这个角色，是看重里面的权力，而非表面的“统治”二字。统治者，就是权力的拥有者。

关于权力者的故事配方就复杂很多，因为权力的拥有者都要回避“统治者”这种赤裸裸的故事。很多时候，他们化身为“照顾者”以和民众打成一片，如房地产行业的老大“万科”，扮演的符号就是“为你提供理想生活的人”；但“权力者”对外的故事万变不离其宗，人民需要“权力”给自己安全感，所以，你可以看到无数广告里“专家”满天飞，“移动通信专家”“健康专家”“变频专家”“装饰专家”等，还有公司设计吉祥物，也叫“××博士”。

权力者的配方套路：不管三七二十一，牛头对不对马嘴，直接抛出自己权力的证据，让受众产生信任感。向民众说明：权力不是一切，而是唯一。至于是想收获成就感还是拥护者，视当时情况而定。

11. “美的化身”故事配方

既然是“审美”，那么就有美的标准，并且主体可以在审美的过程中获得巨大的快感。关于“美的化身”故事配方套路是，某人某事符合或者建立了美的标准，被大众所追捧，正在掀起流行浪潮。而听众则按此武装自己到牙齿，希望自己也被人追捧。关于“美的化身”故事，昨天的“燕瘦环肥”和今天的“哈日哈韩”，并无差别。最有号召力的“美的化身”，一定是新的审美观到来后，第一个建立相应的美的标准者。所以，好的化妆品广告，一定会提出美的标准，有的说是“白”，有的说是“细滑”，有的说是“弹性”。

12. “弄臣”的故事配方

“弄臣”泛指一切将“快乐”当作第一目标的人类。以前的人为了崇高的理想，哪怕流血掉脑袋，也要投入到革命中，而弄臣是如果不能跳舞，他就不参加革命；在“弄臣”故事的配方里，一切都是拿来玩弄取乐的，与“欢乐散布者”不同，弄臣是为自己，而后者是为别人。“弄臣”

故事里，甚至将伦理颠倒，把时间错乱。

13.“创造者”的故事配方

“创造者”的角色魅力是，没有什么不能被创造出来。该角色的故事套路是，在一个场景里，人们承担巨大的压力，想去实现伟大目标，某人或者某个团体，以科学的方法、务实的态度、勤恳的劳动，最终实现目标。“创造者”和“魔法师”角色差异是，前者是务实的、理性的，只重视结果；而后者是想象的、感性的，并且重视完成的过程。

14.“窥视者”的故事配方

字面意义的“窥视者”是一个不为人喜欢的角色，但每个人又都想成为真正的“窥视者”，发现不为人知的秘密。贬义的“窥视者”很容易被人联想为偷看女生洗澡的变态男，而褒义的“窥视者”则是了解阴谋或者了解秘密真相的先知。所以，世间流行的“窥视者”故事有很多种，人们或爱或恨，但其配方也很有套路，人们都希望知道某些事情的真相，这些事情可能就包括动物交配、女人洗澡、卫星升空、有金丝雀的别墅，或者是名人的经历、汽车自燃、大西洋深处的怪兽等，然后某人通过某些手段，把真相查出来。

有秘密的地方就有“窥视者”，人们对这个角色褒贬不一的态度在于，秘密是属于私人的话，“偷窥者”就不那么惹人喜欢，因为法律保护隐私权；如果秘密属于公众的话，那么就大受人欢迎。

方法解析

现实中的人都渴望扮演这 14 类角色，并成为故事里的主角，并不是说社会人群被分成了 14 类，而是每个人都渴望扮演这 14 类角色。人在苦难的时候，渴望遇到照顾者，在团队里想成为统治者，在时尚下想变为美的化身，而工作之余的休闲放松，则是弄臣的角色体现；职业经理人其实是探险家 + 智者 + 英雄 + 亡命之徒的结合体；而母亲，则是照顾者之一；董事长和总经理下达工作任务的时候则是权力者，找员工谈心则属于一个照顾者，成为精神领袖时则是美的化身；而教师则是照顾者+情人+智者的三合一；一些品牌如迪士尼乐园则是欢乐的散布者。

第22天 显示身份

案例

诺基亚8850手机，外观以银色及金色的镜面处理。广告中以夸张的仰角、鱼眼镜头，在各种金属感的镜面、饰物、建筑、房车、水晶器皿中，反射出这款手机的模样，字幕显示银色优雅、黄金尊荣以及辉映极致品味，再创黄金高峰。广告中所用的符码，以及形容词，都显现这款手机是为社会上层人士所设计。

方法解析

目前许多商品，为了与特定对象接近，将商品安插于电影戏剧中，让戏中人物使用，如不少名表、名车、手提箱、手机被置入在《007》电影之中，消费者在不经意下得到暗示，这个商品，原来是属于我们这一群人的。

第23天 打破传统

案例

长久以来，在人们的印象中，医院好像只有白色。但医院能是彩色的吗？如图 2 – 1 所示，是一家医院的病房，各种器具的颜色五颜六色。实践证明医院是可以五颜六色的。有效利用颜色，会产生更大的用处。如香港的医疗服务质量是由医生决定的，护士、医院的行政人员、病人以及病人的家属对此毫无发言权。尽管从专业角度考虑，香港的医疗服务水平被国际有关人士及香港社会大众评价很高，但病人及其家属仍经常投诉医疗服务态度及行为。20 世纪 80 年代后期，港英政府成立香港医院管理局，统筹所有公立医院的活动，提出执行全面质量管理政策。了解医疗服务的核心部分是诊断及治疗，但其他的配套服务对病人的心态及康复过程也很重要，最后将影响病人及其家属对医疗服务质量的判断。因此，香港医管局首先以急诊室服务做试点，改善服务环境以提高服务质量。根据医管局的分析，超过 90% 的在急诊室接受服务的病人所患的病都可以归纳为常见的几大类，都很可能在诊断以外，即需要打针、照 X 光、抽血化验、大小便化验、药房取药等服务。在过去，经常出现病人及家属经常向碰见的医生、护士及工作人员问路，寻找打针室、X 光室等。给医生等服务员工在沉重的工作压力下，增加了工作负担，不能专注地提供服务。何况遇上工作繁重，情绪不好时，更容易因没有尽心地为病人及其家属提供有关信息，引起他们的不满，以至于互相间发生龃龉，毫无必要地破坏服务质量。

图 2 – 1　多彩医院示意图

因此，香港医管局 1993 年开始在公立医院的急诊室的地板上，贴上不同颜色的指引标记，每种颜色的标记为病人及其家属引路往不同的服务间。例如，黄色的标记引往打针室，红色的标记引往 X 光室，蓝色的标记引往药房，绿色的标记引往电梯等。这样，对病人的诊断完毕后，医生或其助手——护士，可告诉病人沿黄色的标记走往打针室打针，或蓝色标记走往药房取药等。如此，为病人接受医疗服务提供方便，既让他们心里感到踏实，又能教育病人及其家属如何参与服务生产，减少各类服务员工因要为病人提供此等信息而浪费的宝贵服务时间，更避免双方因此类问题而产生的不必要的矛盾。结果，急诊室的服务环境做出这样的小改动，便立竿见影地提高服务效率和服务质量。

方法解析

现代营销观认为：医院营销的出发点是患者而不是医院；重点是患者所需要的医疗服务，而不是医院所能提供的医疗服务；目的是通过患者的满意获利，而不是通过增加患者数量获利。目前大多数医院还是坐等病人上门求医，以医院为中心，而不是站在消费者即病人的角度为其提供相应的服务。很多医生甚至还不知道要将病人当作消费者来看待，要对病人耐心解释，而多半是对病人居高临下，颐指气使。

第 24 天 创新设计

案例 1

美体小铺是美国生意最好的女性用品商店之一。美体小铺的创办人兼董事长安妮塔·罗迪克说：“最重要的是创造一种风格，这种风格能够变成一种文化，将你与社会连接在一起。要达到这个目的，只有优秀的设计才能做到。”所以美体小铺设计得很贴心，它会帮助顾客准备非常精致的小篮子，让顾客把所购买的东西放在篮子里带回家，回家之后就可以直接放在浴缸旁边，这样顾客会觉得自己把一个小商铺带回了家。美体小铺不是在卖单一的产品，而是在卖组合的产品。2003 年退休的索尼前董事长大贺典雄说："在索尼，我们假设竞争者所有的产品在技术、价格、性能和特质上都和我们一样，我们的产品与市场上其他产品唯一的区别就是设计。"事实上，索尼不时会有新设计出现，让人们彻底改变对某种产品的想法。2003 年好莱坞影片《机械工厂》模拟了 2035 年美国芝加哥的生活，在画面中出现了一辆让人可以躺着骑的自行车。很少有人知道，这辆自行车不仅是中国台湾制造，而且是台湾人设计的。巨大公司把台湾地区作为开发总部，另外在欧洲和美国也设有技术中心，每年开发成本占到营业额的 2%。

方法解析

心中有使用者，才有设计，这是摩托罗拉全球设计总监的观点。设计是人工创造物的灵魂核心；设计不是表象，也不是修饰和美化；设计师是用心思考的人；设计没有喜欢或不喜欢，而是有多大热情、感情、迷恋；设计是让人狂喜甚至尖叫的事物；设计是从产品到服务再到经验，让人耳目一新的首要因素。行销大师菲利普·科特勒说，"我希望人们能够把更多的金钱与时间花在设计优秀的产品上，而不是试图通过昂贵的广告来操纵人们的心理知觉。"创新是企业成长的关键。十年前，创新指的是运用更新的科学与技术；十年后的今天，创新意味着更好的设计，设计可以改变未来。

案例 2

在亚洲金融风暴的时候，韩国是当时受创最严重的国家之一，但是在今天，韩国仍然是亚洲四小龙之首。其中一个非常关键的因素就是韩国人不断在各个领域做出更多的创新。韩国的三星、现代、LG 已经跻身世界百大品牌之列。外国人对中国的旗袍很感兴趣，很多来中国旅行的外国朋友都会购买旗袍带回去送给自己的亲朋好友。但是大多数外国人的身材不太适合穿旗袍，于是有一位中国女士（她在美国住了15年）想到了一个主意，那就是把旗袍转变成别的产品。她参照旗袍式样做出的第一个东西是手套，因为国外很多家庭主妇每天都要做饭，一副厚厚的手套是对付滚烫热锅的必要工具，于是这位女士把手套做成旗袍的样子，后来她又制作了旗袍式的其他产品，都非常受欢迎。小米手机正式成立于2010年，却用短短几年时间风靡市场，培养了大批“米”粉，其设计理念是：“没有设计的就是最好的设计。”

方法解析

创新设计并不难。创新设计已经是一种新的发展趋势，中国的企业要走出一条与他人不一样的发展道路，必须更多地依靠创新，而不是依靠抄袭或盗版。如果每个企业家都开始把设计当作灵魂，把设计当作生活中一件不可缺少的事情，那么无论是对整体环境、企业本身，还是对消费者来说都是大大的福分。中国有五千多年的悠久历史和智慧文明，我们并不缺少创新的能力，只是缺少创新的意识。只要有这个意识，创新就不难。

第25天 新型服务

案例

上海市一医院的举措让人对医院的管理耳目一新。他们的措施包括：

“商厦式”服务。该院发现，商厦顾客上下楼乘自动扶梯比垂直电梯方便，于是将自动扶梯“移植”到医院里来，而且作为病人的专用自动扶梯。

上海市第一医院推出的“敞开式”“宾馆式”“银行式”和“商厦式”

等服务方式，都是通过改造服务环境加以实现的。

“银行式”服务。该院发现，收费处付费者都在排队时“人盯人”，影响到患者或家属隐私的安全。于是，该院引进银行的“一米线”服务，使患者或家属增加了心理上的安全感。

“宾馆式”服务。该院发现，随着医院科室分工的越来越细，患者或家属要询问的事情自然多了起来。在门急诊大厅里、走廊上，患者或家属经常是见到穿白大褂的就问，有时患者或家属问得详细了就连医院的职工自己也答不上来。于是，该院将“宾馆式”服务引进了医院，在门诊大厅设立“大堂主管”，专门负责解答患者或家属的各种问题。后来，又开设了药价和药品询问两个窗口，做到百问不厌。与此同时，该院又从敞开的“窗口”衍生到人人是“窗口”，推行“首问负责制”和“首访负责制”，问到哪个人、访到哪个科室，都有义务为患者或家属解答。

“敞开式”服务。该院发现传统的封闭式门急诊窗口会给医患双方带来不便。如药房收费窗口，患者或家属从小窗口将钱递进去，想问一句话都很不方便，而收款人即使想和病人说几句，也碍于窗口大小而难以交流。一旦业务忙时，还由此产生了许多本可以避免的摩擦。于是，该院将所有的服务窗口都改为无屏障开放式服务台。这一小小的改动，引起医院整个服务模式的改变，医院开始全面地贴近患者或家属。

“绿色通道”服务。该院在急诊室门口安排一位佩有“绿色通道”臂章的护士，专门负责接救护车，她是该院的为确保危重病人能在第一时间得到最有效的救治而特设的。而抢救室里的一部专用电话，则用来随时呼叫相应科室的医生用最短的时间来到抢救现场。

“检查项目预约登记中心”。该院设立这个中心，可以统一处理全院27个项目一百几十种类型的检查的预约，患者或家属交上检查单后不用自己跑东跑西，当即就能知道检查时间、具体地点和注意事项，并且某一位病人所有的检查都有意安排在一天时间内。

方法解析

为了吸引更多消费者，医院应站在患者角度，以他们为出发点，为其提供一些区别于其他医院的服务，以差异取胜。上面的措施，如把商厦式的设施或服务引入医院，可带给客户更大的便利以及人性化的关怀。这些人性化的措施包括：医院要保证医疗服务方便快捷，医院环境舒适幽雅；医务人员看病认真、解释仔细；护士工作时一律面带微笑，称呼以原名或尊称，而不是叫床号；在医院内建造花园，走廊内设置儿童玩具；取消医院挂号、收费处的隔断玻璃等。这些亲情化服务会让患者体会到医院的人文关怀，提高消费者的满意度。又如，北京的某些医院已建立起医院管理信息系统，人们只要拥有一张预约挂号IC卡就可以通过网络预约挂号，再也不用排很长的队挂号了。为病人提供预约IC卡、医疗保险刷卡业务等方便快捷的服务，并为患者建立完善的信息管理系统将成为医院吸引消费者的一大亮点。

第26天 特有功能

案例

李维牛仔裤在20世纪50年代的定位是“最贴身的牛仔”。这种定位受到了零售商批评，他们认为大多数牛仔服装广告在宣传产品的时尚和品位，而Lee的广告避开时尚宣传“贴身”，他们认为这反映了Lee广告主题太陈旧，表现手法太理性和迂腐。于是李维牛仔裤的新广告利用时髦的色彩，在电视和印刷媒体上使用了两年，但使Lee牌牛仔的销售陷入困境。

方法解析

李维牛仔后来仍将广告创意营销焦点定于“最贴身的牛仔”。这是一种定位回归。Lee将自身定位于一种日常用品，而不是一个纯粹的时髦的装饰品，这与其他牛仔品牌形成了差异化，消费者已经接受这种定位。当新定位产生问题时，及时定位回归不失为一种挽回销售的有效办法。

第27天 定义符号

案例

有这样一则新闻，一名不识字的农村妇女（人口贩子）卖掉了一名女大学生。为什么作为文盲的农村妇女能卖掉有文化的女大学生呢？

（1）对象：思想单纯的女大学生。

（2）对象的角色欲望：受强烈的媒介宣传，十分仰慕外面的世界，赚钱多，生活精彩。

（3）制造特性：虚拟一个商品琳琅满目、生活丰富多彩、月工资高得可以上天的外面世界。还会以具体的人作为案例，并将自己扮演成一个热心助人的好人角色。

（4）结果：女大学生被骗子“忽悠”，被虚构的世界所吸引，失去了理性判断。

方法解析

实际上这就是定义符号的案例，该案例的符号就是两个字——打工。人贩子千言万语描述出一个外面的世界后，会归结为“打工”

二字作为符号，大学生的欲望与制造的特性，皆以打工作为总结。与此道理相同，创意营销当然不是“忽悠”，但也要善于定义符号，只有让购买者产生联想，才能让消费者产生购买的欲望。

第28天　改变名称

案例

英国联合利华公司的力士（Lux）是当今世界最有名的香皂品牌，力士品牌今天之所以在全球风行，除了它大量利用影星做广告树立国际形象外，该品牌名称典雅高贵的优美含义也为它的发展起了很大的推动作用，可以这么说，初期的力士能成功完全依赖其杰出的命名创意营销。联合利华公司19世纪末向市场推出了一种新型香皂，一年中先后采用过猴牌（Monkey）与阳光牌（Sunlight）作为品牌名称。前者与香皂没有任何联系，显得不伦不类，且有不洁的联想；后者虽有所改进，但仍落俗套。第一年里，香皂的市场销路一直不好。1900年，公司在利物浦的一位专利代理人建议了一个令人耳目一新的品牌名称：Lux，立即得到公司董事会的同意。名称更换之后，产品销量大增，并很快风靡世界，时间不长就成为驰名世界的品牌。虽然香皂本身并无多大的改进，但Lux给商品带来的利益是巨大的，可以说这种商品的成功很大程度上归功于它的品牌命名创意营销。Lux是一个近乎完美的品牌名称，它是西方国家拉丁字母品牌命名的经典之作，备受业内人士的推崇。它几乎能满足优秀品牌的所有优点：首先，它只有三个字母，易读易记，简洁明了，在所有国家语言中发音一致，易于在全世界传播。其次，它来自古典语言luxe，具有典雅高贵的含义，它在拉丁语中是“阳光”之意，用作香皂品牌，令人联想到明媚的阳光和健康的皮肤，甚至可以使人联想到夏日海滨度假的浪漫情调。再次，它的读音和拼写令人潜意识地联想到另外两个英文单词Luckys（幸运）和

Luxury（精美华贵）。无论作何种解释，这个品牌名称对产品的优良品质起到了很好的宣传作用，它本身就是一句绝妙的广告词。

耐克，1962年由菲尔耐特在美国波特兰首创，当时命名为“蓝丝带体育”，20世纪70年代正式更名为Nike。当时聘请了波特兰州立大学一位平面设计学生来设计新品牌，并把品牌放在鞋的侧面。这种独特标志Swoosh（意为“嗖的一声”）极为醒目、独特，每件耐克公司制品上都有这种标记。简言之，Swoosh就是Nike的那个标志。她获得35美元的薪酬，在耐克工作了数年，直至耐克需要一家广告公司的服务为止。12年后的1983年，这位学生在一顿午餐上收到一枚镶有钻石及耐克标志的金指环，一张证书，及未有透露数量的耐克股票，以表扬她设计Swoosh标志对耐克的贡献。

方法解析

力士先后采用过猴牌（Monkey）与阳光牌（Sunlight）作为品牌名称，之所以不受欢迎，主要是这些名字与香皂没有任何联系，显得不伦不类，且有不洁的联想。而改为力士则产生了新的、想不到的、引发联想的效果。Nike把品牌设计为独特标志Swoosh（意为“嗖的一声”）极为醒目、独特，而且让消费者过目不忘。由此可见，好产品必须要有好的名字或标志才能更被消费者接受和认可。

第29天 开展社交

案例

有一段时间，去头皮屑的海飞丝由洗发精演化为社交关系的重要道具。广告中的人物在人生事业的重要关键时刻（如向老板做演示文稿），突然发现肩上有头皮屑，虽然没有明说，但也暗示头皮清爽、没有头皮屑，是上层社会中的基本礼仪。品牌以朋友的关系，友善的忠告，此人改用洗发精后，从此没有头皮屑，变得精神抖擞，充满自信，终于赢得掌声，或者说得到团体的认可了。像箭牌口香糖，成为朋友之间可以分享，促进友谊的道具。经过广告的催化，人们很自然地跟着学习。炎夏之日，在封闭电梯中的帅哥美女，闻到一股腋下的汗味，人人自危，担心是自己的体臭。蕊娜（Rexona）告诉大家，如果你在腋下喷了蕊娜，就不用再担心那个体臭四溢的人是自己了。

方法解析

上述案例是从社交的角度进行的创意营销，它引导消费者融入群体，让你与人共处时，受人欢迎、为人接受、不会被排斥。现代社会中，人们在内心世界中可能希望独处，但是在现实生活中，则希望能融入群体，许多商品只是扮演一个重要的道具，帮助我们融入群体。如英语补习班，又如酒类的广告，或是移动电话公司的广告等，都经常采用这种方法。

第 30 天 自己动手

案例

宜家家具经常会在广告中告诉受众，只要买上几个收纳柜，就可以把自己的小窝整理得井然有序。或是买两桶油漆，就可以让客厅面目一新。生活变得很美好。某一个 DVD 的商品专门设计了一款连老人家都会操作的遥控器，以此向受众诉求，只要操控几个按钮，就能欣赏影片了。

方法解析

让消费者自己动手，对产品体验；或者让消费者少动手，更加省时省力，会产生意想不到的效果。这其中的原因是，这种创意满足了部分人自己多动手或少动手的需求，从而形成了一种有别于其他产品的吸引力。

第31天 节日创意

案例

图2－2 庆祝母亲节的广告

台湾地区一则广告也做得十分感人，如图2－2所示。1990年台湾地区庆祝“母亲节”，在“母亲的伟大、母亲的爱”这一主题下，广告牌上方排列了24位世上伟人的照片，下面的广告词是：“在妈妈的心中，他们只是孩子。”广告牌下方又排列了24个新出生的婴孩，配上的广告词是：“在妈妈的心中，他们都是伟人。”

方法解析

> 上述案例短短两行胜过千言。可见好的创意营销，不但要在视觉上触动人，更应该在心灵上打动人。

第32天 效果承诺

案例

特殊时期会影响销售，但往往也会带来新的销售机会。如非典肆虐期间，来舒（Lysol）的广告如是说，病毒经由接触传染威胁家人健康，杀菌专家——来舒喷雾杀菌消毒剂，能扫荡病毒及细菌，来舒保护家人天天健康，天天用来舒，天天都健康。来舒为大家提供了免于恐惧的实际利益，难怪在非典期间，卖到供不应求。

方法解析

> 以实际的利益服人，最能让人动心。一般而言，促销降价，特别折扣，是最实际的利益。此外，能让消费者的烦恼迎刃而解，也会有效，如保证七天可以解决足癣，如果没有消除，可以退费，都是十分实际的承诺。

第33天 易学易用

因为科技的进步，有时专业与业余已经不太容易区别，如目前的傻瓜相机，任何人按下快门，大体上都能拍出一张看起来很不错的照片来。这样的照片，在多年以前，可能只有专业的摄影师可以做到。无敌电子词典广告虚拟了一个不会说英语的人，在英语世界中遭人抢劫，只能以单字求救，又说不清楚状况的无奈。当然，有了无敌 CD－85，问题立刻解决，成为英语专家。这类广告的公式是，一旦发生问题，因为有了这个商品，立即变成专家。

第 34 天 客户推荐

案例

多芬（Dove）系列产品，都采用这一类型广告。在电视中做见证的人士，都像我们身旁的朋友，以不很标准的普通话，表情上毫不做作，现场收音，以消费者自己的语言，十分自然地表达自己使用多芬之前及之后的感受，或是过去对多芬有所误解，经过使用后，有了全面的改观。从此成为多芬的忠诚拥护者。

方法解析

数年来，多芬品牌，无论洗发乳、沐浴乳还是香皂都一直采用这一类型方式广告，久而久之，台湾的广告人提及这种消费者见证的广告，都戏称多芬式。诸如洗衣粉等日常用品，应用这种方法营销效果明显。

第 35 天 组织聚会

案例

暑假来临，全球知名的连锁快餐企业麦当劳自然不会放过这一长达两个月的抓住年轻人、提升店面销量的最重要时间段。

2009年6月14日，麦当劳公司首次采取和SNS网络合作的方式、携手中国最大的实名制网络互动沟通平台——校内网（后改名为人人网），启动今夏为期三个月的全国“别宅了，见面吧!”主题推广活动。配合“别宅了，见面吧!”主题，麦当劳提供了多种有趣又有意义的线上线下互动活动，给这个夏天的朋友欢聚时刻，增添轻松乐趣和缤纷滋味。

麦当劳“别宅了，见面吧!”暑期活动的创意营销主要表现在以下三个方面。

1. 精准定位于大学生群体

年轻人和大学生喜欢网络社交带来的便捷和娱乐，又渴望面对面交流的真实和亲密。麦当劳希望通过“别宅了，见面吧!”主题活动，借助人人网这一广受大学生欢迎的互动沟通平台，在夏天这个社交时间比较充裕的季节，提供多种有趣又有意义的见面理由，用麦当劳清新可口的夏日特饮美食加味，让大家在这个夏天“别宅了，见面吧!”，在麦当劳和朋友开心聚会，共同品尝友情真滋味。

2. 充分利用人人网SNS的优势，注重分享与互动

“宅”是大学生群体里流行的词汇，许多大学生成了宅男和宅女。同时大学生有很强烈的交友、分享和娱乐需求，而SNS（社交网站）对人际交往进行了高度的拟真，是一个非常便捷的平台。

人人网凭借其在国内年轻人群体中的绝对垄断性、专业强大的SNS优势和实名制特点，成为麦当劳暑期“别宅了，见面吧!”活动的最佳营销平台。

在整个活动期间，麦当劳在人人网征集“101个见面的理由”，如果你的理由赢得最多网友赞同，更可以获得麦当劳颁出的特别奖项，有机会免费邀请朋友来麦当劳见面。这既符合年轻人喜欢分享的特点，也激励每一个参与者成为传播源，扩大影响范围。

3. 线上线下齐动员

若是网络上获得了一定的影响力，但线下却没有相应的结合，那么这种影响力就会逐渐消散。为中国消费者带来优质美味的食品选择和心动价格，麦当劳当年夏天主题推广活动“别宅了，见面吧!”包含多款夏日优

惠美食及礼品，本身即是诱人见面的理由。

第一阶段是6月17日到7月21日推出的“老朋友见面吧!”。在人人网参与真朋友大测试，召集真朋友在麦当劳见面，消费者即有机会赢取麦当劳总计6万元的“见面礼”。

第二阶段是7月22日到8月25日推出的“再远也要见面吧!”。乘着暑期邀请远方的朋友见面体验家乡美，将有机会赢取麦当劳支持见面路费。

第三阶段是8月26日到9月22日推出的“甜蜜一刻见面吧!”。选出你在校内网最知心的网上密友，分享和朋友在麦当劳的甜蜜时刻，上传照片分享见面故事，获最多朋友投票，即有机会赢取价值1万元的九寨沟双人旅游奖金。

方法解析

> 麦当劳的“别宅了，见面吧!”暑期活动，其实质是一系列有趣实惠的活动，只要足够有趣，并且有一定的优惠，总能吸引大量消费者。

第36天 瞄准新一代

案例

李宁开始赞助快乐大本营，将口号植入节目，请来林志玲和陶喆做嘉宾。除此之外，还和中戏合作创作话剧。一些概念店被创造出来，这种“90后李宁店”开始改头换面，色调偏向明亮和酷的感觉，大面积使用明黄、荧光绿，此外，街头、涂鸦等年轻人喜欢的元素也充满店面。

产品的革新也在进行，李宁开始更多地将年轻人的喜好融入进来。市场调查显示，运动和生活开始联系得更紧密，年轻人工作一天后会抽出更多时间来运动，这些服装需要满足他们的需求，既能上班见人也能运动，裤子是弹性的，口袋足够深，可以放电话、钱包，有拉链确保东西不会掉下来。

方法解析

运动品牌最怕老，作为本土运动品牌老大的李宁率先感到威胁。改变几乎是唯一的选择。李宁先是将沿用多年的广告语更改为“Make the Change”，后来打起“你不了解 90 后”为主题的广告战役，都是瞄准新一代。

第 37 天 细分新客户

案例

20 世纪 80 年代以前，资生堂实行的是一种不对顾客进行细分的大众营销策略，即希望自己的每种化妆品对所有的顾客都适用。

20 世纪 80 年代中期，资生堂因此遭到重大挫折，市场占有率下降。

1987 年，公司经过认真反省以后，决定由原来的无差异的大众营销转向个别营销，即对不同顾客采取不同的营销策略，资生堂为此提出的口号便是“体贴不同岁月的脸”。

他们对不同年龄段的顾客提供不同品牌的化妆品。为十几岁少女提供的是 Reciente 系列，二十岁左右的是 Ettusais 系列，对四五十岁的中年妇女则有长生不老 Elixir 系列，五十岁以上的妇女则可以用防止肌肤老化的资生堂返老还童 Rivital 系列。

资生堂还对化妆品市场进行了调查和研究，发现一般消费者不仅需要化妆品公司提供高质量的产品，更需要他们提供高水平的美容咨询服务，于是提出了 CL 店构想。资生堂强调其旗下各专卖店（柜）的销售人员必须有较强的咨询能力（Couseling，即 CL），能把化妆品店变成美容咨询室，为入店顾客提供各种咨询服务。为此，资生堂积极对其员工进行培训，目标是使每个销售人员都成为“美容专家”。资生堂每年要举行六期美容 CL 的研讨会，对商店营业员传授美容咨询的秘诀。

我们再来看看曾经非常成功的波导手机是如何对产品进行定位的。根据手机用户的职业特点和消费习惯，波导对手机市场进行了细分。

Bird 商务手机——手机中的战斗机（坚强而响亮的口号）。

Bird 大学生手机——学习、娱乐在一起。

Bird 大众（通用）手机——总有一款适合你。

Bird 白领佳人（丽人）手机——尽显女性魅力。

Bird 钻石（礼品）手机——专为您设计。

Bird 个性手机——就是你的酷机。

Bird e 族——哇，真的好酷呀！

Bird 时尚手机——流行挡不住。

Bird 都市情人——一片温馨的天空。

方法解析

> 无论是资生堂还是曾经的波导，它们都是根据用户的职业特点、消费习惯或年龄等，对目标市场进行了细分。细分客户是一种区分式营销手法，因为区分并区别对待，所以往往效果更明显。

第 38 天 提供新优惠

案例

台湾的汽车市场竞争激烈，各类购车优惠措施纷纷出炉，包括买车贷款 0 利率，要求自付的头期款也越来越少，甚至到不用付头期款即可取车的地步。广告中看到一位男士在银行中提款，另外一位好事者大声质问这位顾客：你领钱干吗？他的态度引起银行中所有的人都感到紧张，空气为之冻结，银行中的警卫甚至以为要发生抢劫案了。提款的顾客搞不清楚状况，小心翼翼地说：领钱买车，付头期款啊！这位好事者叫银行行员把钱收回去。以十分不以为然的口气告诉他：现在买车，干吗要付头期款，福特帮你付头期款。这种强烈质问的方式，挑战了消费者对过去买车行为的认知，表现手法上也让受众吃了一惊。

方法解析

优惠对消费者来说，永远都是最有吸引力的筹码，为了促销，优惠是最有效的措施之一。但优惠的弊端也非常明显，如会降低商家的利润，经常性优惠还要消费者非要等到优惠时期才会购买，所以并非是持久之道。

第 39 天 提供价格清单

案例

美国“诊断相关性系统”（Drgs）是由美国耶鲁大学组织和管理学院的汤普森·费特发明的。其基本原理是：建立一种确定医院各种病例类型的方法，以便对医疗服务的投入和产出，做出协调一致的评估。通过初步诊断，经过内外科治疗，在并发症和复合发病率以及病人的年龄的基础上，将病分成 470 种，并确定其治疗的时间和费用。例如，Drgs – 106 型，是用心脏导管技术做一例冠状动脉侧支循环术，总费用是 15000 美元，耗时 14 天。

方法解析

“看病贵”是当前社会的热点问题，群众对医院药品及医疗服务的价格也十分敏感。医院应坚持将“用比较低廉的费用提供比较优质的服务，满足广大群众的基本医疗服务的需求”作为自己的服务宗旨，时刻为患者着想。为了让患者明明白白看病，除了应遵循“安全、有效、简单、价廉”的服务原则外，医院还应采取药品集中招标采购等措施降低药品价格，并在患者进行诊查或手术前与患者或其家属商量，征求其意见，给予患者选择不同档次服务的权力。除此之外，医院还应该增加医疗收费的透明度，对各种医疗服务收费以及药品价格进行动态张榜公布，实行“一日清单”制度，让患者知道自己在医院没有花冤枉钱。从表面看，医院处处为患者着想，医院收入变少了，但从长远来看，这些做法可以提高患者对医院的信任程度，增加医院无形资产，有利于医院长期发展。

随着医疗服务价格改革的实施，医院在医疗服务的定价方面拥有了一定的自主权，可以根据自身情况调整医疗服务的收费标准。如位于城市的医院的医疗服务定价可以高于县级、乡镇医院；对不同档次的病房与护理服务制定不同的价格。此外，医院还可以对不同技术服务人员提供的医疗服务实行等级定价，即技术高的医务人员收取较高的诊查费；对医院某些专科的点名手术、点名服务实行高定价，显其“货真价实”；在降低大型医疗设备检查费的同时提高那些高技术含量、高风险、高难度的医疗服务的价格。

第40天 利用主观感受

案例

美国希尔顿大酒店的定位点是“商人一出差，就住希尔顿”。而娃哈哈的广告是“喝了娃哈哈，吃饭就是香”。许多饮料及酒类的广告，已与商品结合为一体。看看广告创意营销如何来表现海尼根啤酒的广告主张：“就是要海尼根”。在派对中，啤酒放在盛满冰块的大桶中，一位年轻人伸手到桶中捞，怎么也捞不到海尼根，其中有两层暗示：一层暗示着受人喜欢，都被拿光了；另一层暗示捞到别的品牌，也不要，即使手都冻到发抖，也要把海尼根给捞出来。配上让人心情愉悦的音乐，对海尼根的“执着”，深切地植入消费者的心中。

方法解析

> “喝了娃哈哈，吃饭就是香”，类似的广告也许并不存在什么逻辑，但这种口语化的、雄辩式的广告，消费者一旦接受就形成一种潜意识。

第41天 倡导生活方式

案例

“我在卡尔顿饭店吃晚餐……吃完了牡蛎，喝完健力士，啃完烤制的牛排，在12点半上床睡觉。就这样结束了我迄今为止最难忘的一天。”

方法解析

上述案例实际上在倡导一种生活方式，如果这种生活方式能被消费者接受，产品自然也能被接受。

第42天 宣扬思想方式

案例

耐克的广告语是Just Do It。在强调个性化的时代，这一广告语确实迎合了很多年轻人的心声，让人印象深刻。

方法解析

社会里有种以个人的自我发展和自我统治为中心的现象，就像耐克、苹果或者鳄鱼等渲染了一种个人主义的活力，卡尔文旗下的CKBE品牌以“做你自己”的广告标语建立一种思想体系，通过恭维宣扬个性，将思想的利爪嵌入了社会思潮，以思想方式取代以往的生活方式。

第四单元
从套路入手做创意营销

创意营销在实践中形成了一系列套路，主要有以下常用的几种。

第 43 天　借力品牌

案例

与 iPad 和 iPhone 沾边的营销正变得时髦起来。招商银行和中国联通发布的 iPhone 手机银行客户端系统“掌上生活”，不仅能在手机上实现银行账户查询、转账汇款、信用卡还款等常规金融应用，还可以用来买电影票、订座位、查找优惠等，甚至还有网店和 ATM 机定位功能。这款应用推出不到一个月，就有 15 万用户下载。

2009 年，招行和联通合作推出分期购 iPhone，年初《阿凡达》上映，招行又想出了用手机订电影座位，这两个活动都反应不错，于是招行想到把这两件事情结合起来推出一个“掌上生活”手机客户端。

招商银行的合作伙伴是中国联通。2010 年 4 月，招商银行高管和中国联通高管各自带领团队在北京的一个普洱茶茶馆碰头，双方正式开始合作研发“掌上生活”手机客户端。

方法解析

现在正处于一个品牌时代，有品牌就意味着有巨大的市场。聪明的经销商，常找那些成长中的牌子合作，然后跟这个牌子一起成长，品牌越做越大，经销商跟着分享里面的利润。

第 44 天 满足想象

案例

手机的功能经历了变迁史：模拟、数字、中文显示、中文输入、一下指、游戏、钻石、双屏、彩壳、外观、彩显、和弦、彩信、拍照、摄像，尽管每一种功能都不是完美的，但是每一个功能都带给人对其使用功能的想象空间。

方法解析

产品不断更新的过程，不一定是其功能有什么根本性的改变，但一定要带给使用者对其使用功能想象的空间，才能吸引消费者体验并购买。

第 45 天 冠以标签

案例

1984 年，73 岁的美国总统里根遭遇了对手蒙戴尔，在第一轮辩论中，里根表现反应迟钝，并在一个问题上犯了大错。

但是，他的竞争对手并没有在他的错误上下功夫，而是就大家公认的整体表现，给里根做了个符号："太老了。"

《新闻周刊》说他显得"虚弱不堪"，"早安·周一"的主持人也奚落了他，共和党领袖甚至落井下石地说"你们在辩论中看到的总统，和在内阁会议和首脑会议看到的是一样的"，大名鼎鼎的众议院长意味深长地说"白宫的人们希望看到总统尽快恢复往日的威严"，甚至有的民主党人一点情面也不留"总统在辩论中鬼话连篇"。

里根被带上了"太老"的符号，在美国人的幻想中，没有谁希望自己被糊里糊涂的人领导。

请看里根在第二次辩论上怎么说："在这次竞选上，我不希望利用自己的年龄因素，以免显得对手太年轻，还缺乏经验的缺点。"结果，里根赢了，因为他给对手做了一顶"太年轻"的帽子戴上。

把这两个符号作一对比，很显然，人们虽然不希望被老眼昏花的人领导，但更不愿意被一个屁股上还有胎记的人来领导。

里根这个符号满足了人们希望总统是富有经验的幻想。但事实上，里根的确老了，而对手未必年轻，当然，竞争对手和 73 岁的人相比，的确年轻。

方法解析

百事可乐攻击可口可乐取得成功不是因为口味取胜，而是说那个符号"太老了"；康佳给自己找的符号是"高清"，TCL 则曾经和汤姆逊合作，穿了件"巨无霸"的外衣。这些案例都是用标签或符号较量。用标签或符号较量有以下原则。

第一，标签或符号满足于你想获利的那一帮人，完全是角色欲望的化身。

第二，符号必须有感情指向性。在商业里，符号名为利益点；在政治里，叫作群众利益；在社会里，改名为道义、正义等东西。

第三，符号之战即是以此之长攻彼之短，符号都有优势和劣势，可千万别搞颠倒了。符号一定要和产品支撑点紧密联系。

第四，学习微软，不断给符号打补丁程序，符号建设是一个360度循环的过程。

第五，符号较量的白热化阶段，请学习孙悟空，由一个符号派生出若干个符号，让对手不知道该打谁。

第46天 产业链法

案例

市场营销浪潮此起彼伏，企业如果不能在创意营销上浪高一尺，很容易就被湮没于竞争的滚滚大潮中。竞争激烈的典型行业之一是啤酒行业。我国民族啤酒品牌，虽然青啤、哈啤、燕啤等著名民族啤酒品牌的知名度非常高，但创意营销个性化的特征却不突出。如青岛啤酒曾经打出“激情成就梦想”的宣传语；燕京啤酒则宣传自己“感动世界、超越梦想”；雪花啤酒极力传播的是“畅想成功”，这些宣传语虽然在内容上有所差异，但其诉求点都是“激情”“梦想”“畅想”等，诉求点基本相同，在消费者心目中难免产生雷同的印象。

之所以导致印象雷同，主要原因在于创意营销的缺失。反观世界著名的啤酒品牌，如百威、嘉士伯、喜力等，它们创意营销的切入点都非常独特，个性因而非常显明。那么，如何找到营销策划创意营销的切入点呢？本书提供了一种创意营销新路径，就是从产业链的角度入手来寻找创意营销的切入点。

以啤酒业为例，来说明这一方法。

第一步：列出产业链。

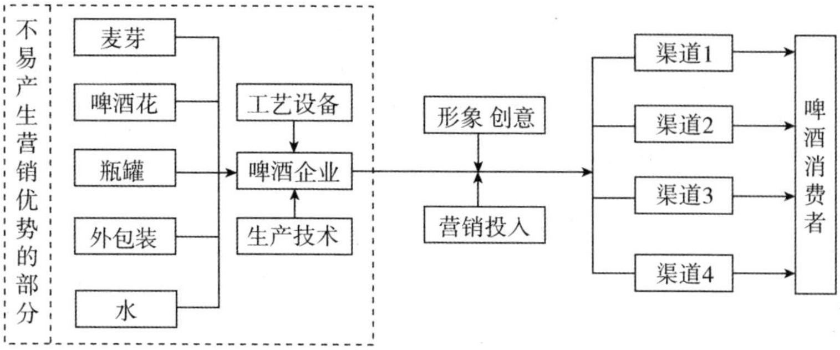

图 3－1　啤酒行业的产业链示意图

如图 3－1 所示，本书把啤酒行业的产业链分为上游、中游和下游三个环节。上游是指啤酒的制造过程，需要麦芽、啤酒花、瓶罐、外包装、水等，由啤酒企业利用工艺设备和生产技术，产出产品。中游是指营销传播过程，包括形象创意营销和营销投入，在市场上形成一定的市场。下游是指销售过程，通过不同的渠道，把产品销售到啤酒消费者的手中。

第二步：对链条环环分析。

环环分析是指分析产业链各个环节创意营销的难易性。在上述这三个环节中，哪些环节更宜产生创意营销个性化的差异点呢？在上游中，麦芽、啤酒花都是同质化的原料，很难产生差异化。瓶罐以及外包装，可以形成差异化，但并不容易产生绝对的优势。至于原料水，它可能是某些企业的独特资源，但消费者并不容易能够直接感知得到。啤酒企业中的工艺设备和生产技术，本身都能产生差异化，但在科技日新月异的新形势下，这种优势很容易失去，并且这种所谓的工艺或技术能否真正打动消费者，还充满了未知数。可见在整个上游部分，都不太容易产生品牌塑造的绝对个性化。至于中游的营销投入环节以及下游的营销渠道环节，虽然也是打造创意营销个性化的重点所在，但这种个性化容易被对手克隆而使个性化迅速消失。

第三步：确定切入点。

根据分析，我们可以得出最容易产生绝对个性化的差异点位于中游的形象创意营销这一环节。可引以为鉴的是百威的创意营销形象塑造与传播。

百威在不同市场上，从不同的传播创意营销点进行切入。笔者总结认为，百威通常有以下三种常用的方式。

1. 从产业链向生活链延伸

这一创意营销策略，使百威啤酒在美国本土市场上得到了淋漓尽致的应用。众所周知，美国人特别钟爱参加各种各样的 Party（聚会），百威啤酒在传播创意营销上，就是从 Party 入手。百威的广告总是围绕朋友聚会以及亲密伙伴关系展开，它通过无处不在的广告传播，塑造了一个充满阳刚之气、充满真诚的品牌，并给美国的消费者留下如此深刻的印象，即哪里有 Party，哪里就有百威啤酒；哪里有温馨和快乐，哪里就需要有百威啤酒来助兴；喝百威啤酒就如同和老朋友见面一样让人心旷神怡。百威通过这种品牌形象的塑造，让许多美国的消费者在喝啤酒时，首先想到的是百威啤酒所宣扬的情境和故事，而根本不在意啤酒的味道和价格。百威啤酒从产业链向生活链延伸，实现了一种超越价格竞争的、能根植于人的内心、被人无法忘却的一种生活方式，实现了一种情感的寄托和对一种生活情景的向往，这显然是一种高超的创意营销模式。所以，百威经历了 20 世纪 60 年代激烈的啤酒市场竞争，在美国成功塑造了“啤酒之王”的称号，长期居于啤酒业的霸主地位。百威之所以成功，除了确实是美国首屈一指的高品质啤酒外，这种从产业链向生活链延伸，以塑造明显品牌个性的创意营销方法，也是其至关重要的因素。

2. 从产业链向心理链延伸

这一方法我们从百威啤酒在 1981 年成功进军日本市场即可看出。百威进军日本前，把目标消费者锁定在 25～35 岁的男性，他们在当时对美国的产品具有以下普遍的心理认知特点：他们有自己的文字、表达方式和独特的语言，喜欢时尚和新奇，基于此，他们特别喜欢美国的独特的富有个性的文化，又因为喜欢美国的文化，他们继而又鼓动代表美国的有个性的、高品质的、多姿多彩的、富有新奇色彩的各种产品。百威充分把握了日本年轻人这一心理认知的链条，实现了从产业链向心理链的成功延伸。百威啤酒在日本的定位是：百威“酒味清淡”，是专属于年轻时尚的日本年轻人的。而在品牌传播时，则把品牌概念建立在“全世界最有名的高品质啤酒”“第一的啤酒——百威”等动人的标题上，打出“我们爱第一”“百威是全世界最大，最有名的美国啤酒”等口号。而在品牌传播中，视觉重点强调在标签和包装上。百威在日本的广告中运用了扣人心弦的创意营销策略，即将百威啤酒融于美洲或美国的气氛中，如辽阔的大地、沸腾的海洋或宽广的荒漠，使观众面对奇特的视觉效果，产生一种震撼感，令人留下深刻的印象。为配合在日本大众媒体的广告宣传，百威还针对日本年轻人市场，成功地举行了许多活动。如举办第三届新港爵士音乐节、邀请百威棒球队到日本访问等，这些活动都吸引了大批的日本年轻人，扩大了产品的影响力。基于这种从产业链向心理链延伸的创意营销策略，百威啤酒富有美国色彩的品牌个性很快在日本青年一代中传开，品牌知名度和忠诚度迅速得到提高，成为日本青年最喜爱、最时尚的啤酒品牌，经营业绩突飞猛进。百威是1981年以后进驻日本市场的，1982年在日本进口啤酒中就名列前茅，1982年销量比1981年增加50%，1984年就取得了销售200万瓶的业绩，这在当时是不可想象的。

3. 从产业链向文化链延伸

百威啤酒进军中国时，充分使用了这一策略。中国的消费者对源远流长的中国文化是最为认可的。“百威”为了向中国人民祝贺传统的新春佳节，特意制作了一则中国本土化的广告，新颖的创意营销，精美而幽默的画面，并使用了“百尺竿头更进步，威风八面又一年”的广告词。这一广告的巧妙在于，把“百威”两个字融入到了中国传统的对联中，让人过目不往。为了突出整体创意营销的效果，片中还有中国消费者所喜爱的、象征繁荣的红色、象征喜庆的中国大鼓、象征中国的名胜古迹和现代标志性建筑，塑造了中国人民举杯同庆、迎接新一年到来的喜庆氛围。“我们希望每次观众在看到百威广告时，都能立刻想到百威啤酒那清澈、清醇、清爽的绝妙口感”，这是百威创意营销的初衷。百威把美国产品与中华文化完美地结合起来，使品牌个性丰满而明显，对中国消费者极具有亲和力，非常能吸引中国消费者的眼球，其效果自然是不同凡响。百威在中国的创意营销个性化的创意营销模式，还有“百威蚂蚁”系列广告。百威“蚂蚁系列”电视广告首次出现在中国是在1997年。从用钉耙绊倒路人，用石头阻碍自行车，到电脑前的IT高手……机智的百威小蚂蚁们总是群策群力，一次次用幽默的小计谋成功地从人类手中“窃取”它们钟爱的百威啤酒，这些广告之所以能深受中国消费者喜爱，这是因为蚂蚁本身是一种象征，象征着不辞辛劳和团队合作，象征着中国人的民族精神。

方法解析

（一）产业链创意营销法的优点

大卫·奥格威在20世纪60年代提出了品牌形象理论，他认为企业为塑造品牌服务是广告最主要的目标，广告就是要力图使品牌具有并且维持一个高知名度的品牌形象。正如其经典名言所言：“一个伟大的创意营销是美丽而且高度智慧与疯狂的结合，一个伟大的创意营销能改变我们的语言，使默默无名的品牌一夜之间闻名全球。”Biel（1992年）认为品牌形象是基于消费者认知的与品牌名称相关的属性和联想组合。Keller（1993年）则认为品牌形象是对品牌的各种感知，由消费者记忆中的品牌联想反映出来，根据品牌抽象性水平的维度将品牌联想划分为属性、利益和一种具体品牌的评估态度。

根据这些理论，我们能了解到创意营销对于品牌形象的重要性，但具体从哪个角度切入去创意营销，对于大多数营销策划者来说，还是模棱两可的。产业链创意营销法的优势在于使创意营销由虚到实，可以根据产业链，一个环节、一个环节地去寻找可能切入的创意营销点所在。

（二）产业链创意营销法的使用

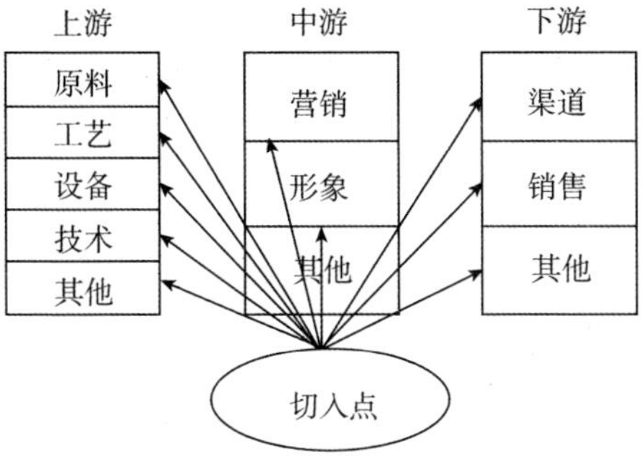

图3－2　产业创意营销法的切入点的操作示意图

产业链创意营销法是基于产业链来寻找创意营销切入点的（如图3－2）。具体操作如下。

一是画出产业链，分为上游、中游、下游。上游可以分为原料、工艺、设备、技术、其他等环节；中游分为营销、形象、其他等环节；下游分为渠道、销售、其他等环节。

二是发散思维。从切入点出发，运用发散思维去找出创意营销所在，形成不同的可供比较的创意营销点。

三是比较创意营销点。对发散思维所产生的创意营销点进行对比，确定最佳切入点，再形成最终的、可供执行的创意营销方案。

根据上述步骤，企业可以根据产业链创意营销法来寻找创意营销的切入点。以啤酒行业为例，百威选在了中游的形象创意营销上。在实践中，各啤酒企业是仁者见仁，智者见智，选在了其他切入点。如西湖啤酒和千岛湖啤酒都选择了水质这一得天独厚的原料上，切入点实际上选择了上游的原料这一环节。当然还有的企业选择了其他环节。只要选择恰当，都能起到体现品牌个性化和差异化的目的。

对于产业链创意营销法，是笔者从实践中总结提炼出来的一种创意营销实用方法，企业在创意营销时可以灵活运用。就本节案例来说，我国企业尤其是要善于学习外国企业从产业链向生活链、心理链和文化链延伸的技巧，最终把品牌个性转化成难以超越的根本竞争优势。

第47天 以小见大

案例

大卫·奥格威为Rolls－Royce汽车所做的广告标题是这样写的：“这部新型的Rolls－Royce汽车以每小时60英里的速度行驶时，最大声响来自它的电子钟。”

奥美广告公司在丽江花园“扶手篇”中写道：“把心思花在别人看不到的地方是否很不明智？造就非凡，必须付出许多的心思和心血，而这些付出往往都是不为人所知的。就像这扶手可能日后有人在丽江花园居住上十年八年，也不知道它是花梨木制成的，其实知道与否并不重要，重要的是这些看不到的心思会和其他大家有目共睹的努力一样，令这里的生活更加完美。”

方法解析

以上两例通过对电子钟声响与花梨木扶手的“特写”，来突显汽车与住宅的品质。正如管中窥豹、一叶知秋，以小见大，从细微之处着眼让消费者看到产品的优势与独到之处。

在广告设计中对表现对象进行强调、取舍、浓缩，以独到的想象抓住一点或一个局部加以集中描写或延伸放大，以有限的形象来表达主题思想。这种艺术处理以一点观全面，以小见大，从不全到全的表现手法，给设计者带来了很大的灵活性和无限的表现力。同时也为接受者提供了广阔的想象空间，使他们获得了生动的情趣和丰富的联想。

以小见大中的“小”，是广告画面描写的焦点和视觉兴趣中心，它既是广告创意营销的浓缩和升华，也是设计者匠心独具的安排，因而它已不是一般意义的“小”，而是小中寓大，以小胜大的高度提炼的产物，是简洁的刻意追求。

第48天 突出细节

案例

“科学派”鼻祖霍普金斯为Schlitz（喜立滋）啤酒提炼出的广告主题，竟然是“喜立滋啤酒瓶是经过蒸汽消毒的”。广告中所说的是每一家啤酒厂都是这样做的。霍普金斯则认定，实际作业倒是其次的，重要的是别人没有这样说过。结果果然不同凡响，它让人产生其他厂家啤酒瓶没有经过蒸汽消毒的错觉。

方法解析

乐百氏纯净水经过27层过滤、赊店老酒不含有害物质的诉求，均采用了这一方法。如果每一个细节都能完美，结合起来必然也无懈可击。高档名牌的机械表，经常喜欢将手表的内部——那些精巧手工打造零件，以超大特写展示，以展现工艺之美，也显现了品质。新近上市的Pda手机，除了运用超写实的摄影技巧展现冷冷酷炫的铝合金外形、充满自信与高性能的形象外，也不忘在功能上加以详尽的介绍。因为，购买科技产品的人，现在除了讲求外形，功能上的犀利感也必须高人一等。

第49天 不同凡响

案例

商品往往是企业主理想与意志的实践。以广告人最常接触的“苹果机”为例，前几年开始以“不同凡响”（Think Diffient）作为品牌的核心概念，这样的理想与意志，是“苹果机”创始人多年来的一贯想法，并且在提出此主张后，在产品外观设计上也大大地与众不同，重新颠覆了市场，引领了计算机的设计潮流。

当这个概念向大众宣示时，苹果计算机在美国推出了一支六十秒的广告，画面中出现爱因斯坦、毕加索、邓肯、甘地、阿里等伟大人物的纪录片片断，旁白是这样说的：“这里有一些特立独行的人，他们与社会不同调，在方、圆规矩中不协调，对事情有不同的看法，他们是规则的破坏者。你可以引述他们的观点，或是不同意他们的见解，以他们为荣，或是鄙视他们。唯一无法忽视的事就是忽略他们，因为他们改变了世界，使得人类进步。当时有人视他们为疯子，现在他们被视为天才，因为不同凡响，才能改变世界，就像你选择了苹果计算机。”

方法解析

“不同凡响”是苹果计算机企业的使命、理念，并且加以实践，成为苹果计算机顾客的愿景及自我期许。近年来，苹果的迅速崛起表明，它不仅具有高人一等的技术，其营销创意也是非常高超的。

第50天 突出主题

案例

图3-3 番茄酱的广告

如图3-3所示，Heinz番茄酱广告，辣的焦了，把辣这一主题充分突显出来，给人印象深刻。

方法解析

> 上述案例把主题集中到一点，并附一点儿夸张等手法，可以给消费者留下深刻的印象。

第51天 逆向思考

案例

美国有一家生产奶粉的企业，起初为起不出品牌名称而苦恼。后来，营销策划人不停地念叨牛奶（Milk）。先念“Milk”，后又颠倒过来念就是“Klim”，于是一个享誉全球的牛奶品牌就此诞生了。

反向定位的另一个精彩的例子是“非可乐”，相信大家都已是耳熟能详了。

七喜：非可乐。

“非可乐”战役结束后10年，曾在啤酒大战中夺取王位的莫利斯公司以5亿美元的巨资买下了七喜饮料公司。之后在广告中走过两段弯路：一是发动所谓“宣传你的灵感”的广告运动，极力渲染“美国人正在步入七喜”，结果毫无效果。二是仿效两个可乐巨头的唱歌跳舞的广告策略，把攻击点选取在对手的强势之处，犯了兵家大忌。直到1980年，七喜突然发动声势浩大的“无咖啡因”战役，才又一举赢得辉煌。莫利斯公司的高级负责人魏斯曼在翻阅《消费者导报》时偶然发现，食品中咖啡因的含量多少是消费者的关心点。这恰是两大可乐的要害，也正是自己产品的优势所在。于是，一个使可乐市场阵脚大乱的了不起的创意营销诞生了。

“你不愿意你的孩子喝咖啡，那为什么还要给孩子喝与咖啡含有等量的咖啡因的可乐呢？给你非可乐，不含咖啡因的饮料——七喜。七喜——没有咖啡因，从来没有，将来也不会有。”这个广告一出，七喜的销量随之成倍上涨。可口可乐面对七喜的奇兵突起，有点招架不住，于是提出诉讼，但法院最终判决七喜胜诉，因为七喜确实不含咖啡因。迫于形势，六个月后百事可乐推出了不含咖啡因的清凉百事汽水。一年后，可口可乐也随之跟进，推出了三种不含咖啡因的改良品种。

从这个案例，我们可以充分看到准确定位的巨大力量。

下面让我们再看一下奥林巴斯（Olympus）公司的一个精心之作：

奥林巴斯（Olympus）：Without O。

· Without O,

· There'd be No Boxers,

· No Hope,

· No Glory,

· There'd be Fighters,

· But no Contenders,

· There'd be No Gold Medals,

· And There'd be No Olympus,

· To Capture All This Moments,

· Never Miss Another O,

· Olympus.

注：上文的格式为“没有、没有、没有……也没有……”连续用了一连串的“没有”（1 个 Without、6 个 No），给这个广告增添了不少灵气。

如果没有 O，将会怎样？如果没有 O，就没有欢乐（Joy），就没有爱（Love）。

正如广告中所说：

“没有 O，

将没有拳击运动员（Boxers），

没有希望（Hope），

没有荣誉（Blory），

虽有拳击手（Fighters）（注：Fighters 中没有 O 字），

但没有对手（Contenders），

将会没有金牌（Gold Medals），

并且将没有奥林巴斯（Olympus）来拍下所有这些瞬间，

永远不要失去另一个 O，

奥林巴斯……

方法解析

看完上述广告，我们马上会想起另外一句广告词：“如果失去联想，世界将会怎样?”“如果没有……”的确是个好办法。这类逆向思考的案例，容易给人留下深刻印象。

第52天 垂直思考

案例

台湾顺风牌电扇在1952年上市时，提出“一户一台”的广告口号，开拓市场。

自1961年起，以“一房一台”为广告口号，积极扩大市场。

1966年后，又创出7英寸及8英寸的小电扇，便以“一人一台”为广告口号，进一步扩大市场。

1969年，顺风再创出“以旧换新”的口号，更深入地挖掘市场潜力。

方法解析

上述案例用的是垂直思考法。垂直思考法是按照常规思维，在固有的模式下凭借旧经验、旧知识来进行深入思考与改良，以不断拓展出新的市场空间。

第53天 水平思考

案例

图3－4 猕猴桃广告

穿着内衣的猕猴桃（如图3－4），其形象设计，让人感觉挺奇特的，过目不忘。

方法解析

上述案例其基本方法是应用水平思考法。这一方法有以下特点：①敢于打破占主导地位的观念，避免模仿，摆脱人们最常用的创意营销、表现方法等。②多方位思考，提出问题的各种不同的新见解。③善于摆脱旧意识和旧经验的约束。④要抓住偶然一闪的构思，深入发掘新的概念。

垂直思考法与水平思考法是两种相反的思考方法。水平思考法强调思维的多向性，善于从多方面来观察事物，从不同角度来思考问题，思维途径由一维到多维，属于发散思维。

英国心理学家爱戴华·戴博诺博士对这两种思维方法，进行了详细的比较，主要有以下十项内容。

垂直思维是选择性的，水平思维是生生不息的；垂直思维的移动，是只在有了一个方向时才移动，水平思维的移动则是为了产生一个新的方向；垂直思维是按部就班，水平思维则可以跳来跳去；垂直思维是分析性的，水平思维则是激发性的；垂直思维者，必须每一步都正确，用水平思维者则不必；垂直思维为了封闭某些途径要用否定，水平思维则无否定可言；垂直思维要集中排除不相关者，水平思维则欢迎新东西闯入；用垂直思维，类别、分类和名称都是固定的，用水平思维则不必；垂直思维遵循最可能的途径，水平思维则探索最不可能的途径；垂直思维是无限的过程，水平思维则是或然性的过程。

第54天 删繁就简

案例

在1989年7月即庆祝美国“阿波罗”号登月成功20周年之际，美国格鲁曼（Grumman）公司的一则企业形象广告只有一个广告标题：

“二十年前，美国将所有的鸡蛋放在一个篮子里。我们生产了这个篮子。”

这一则广告版面设计十分简单，它直接引用了当年“阿波罗”号成功登上月球的一幅现成照片。没有亢长的广告文案，只有一个标题，标题就是一切，它删繁就简，挑最重要的说。

它先说：“二十年前，美国将所有的鸡蛋放在一个篮子里。”紧随其后笔锋一转，落到实处：“我们生产了这个篮子。”真是画龙点睛。

通过在《经济学家》《国家杂志》《国内周刊》《每日新闻》《华尔街日报》和《华盛顿邮报》等近十种新闻媒介所发起的广告攻势，Grumman公司对美国国防部、国会和其他政界要人恰到好处地施加了自己的影响，并向全世界宣传自己是美国登月舱开发和设计的先驱。

这一则只有一个标题的平面广告化腐朽为神奇，它改变了读者头脑中的那个陈旧的 Grumman 公司的形象，而使公司树立了一个崭新的新形象——系统综合技术的革新者。

方法解析

广告用语贵在精练，言简意赅，意尽言止，不说废话。这正如郑板桥的诗中所写："删繁就简三春树，领异标新二月花。"美国广告专家马克斯·萨克姆也说："广告要简洁，要尽可能使你的句子缩短，千万不要用长句或复杂的句子。"简洁广告比啰唆广告的效果要好。梁新记牙刷的"一毛不拔"；四通的"不打不相识"；华丹啤酒的"没有华丹不成席"……这些简洁明了的广告，都能使人过目不忘，印象特别深刻。

第 55 天 独有特点

案例

M&M 巧克力是美国唯一一种用糖衣包裹的巧克力。怎样把这一独特的销售说辞体现在广告中呢？在 M&M 巧克力的广告中，把两只手摆在画面中，然后说："哪只手里有 M&M 巧克力呢？不是这只脏手，而是这只手。因为，M&M 巧克力——只溶在口，不溶在手。"

方法解析

这一理论要求一开始把很大的重点落在产品之上，先找到产品的独有的特点，然后再以不同的方法去引起消费者的兴趣。产品同质化的现象使寻找独特销售说辞的工作越来越难，但是，毫无疑问，它仍是广告创意营销重要的思考方法之一。

第56天 坐标定位

案例

艾维斯租车公司（Avis）的“我们第二，但更努力”的广告，是典型的“如何说”的创意营销思路，因为从“说什么”的角度考虑，“第二”是一个并不值得宣扬的特征。然而，这则广告也成为“定位”创意营销策略的经典，则说明各种广告创意营销方法有时是相互交融的。方法的分类只是为了更好地理解其中的创作思路。

方法解析

艾尔·里斯（Al Reis）和杰克·特劳特（Jack Trout）于19世纪70年代初在《产业营销》（*Industrial Marketing*）和《广告时代》（*Advertising Age*）上发表了一系列的文章，介绍和阐述了“定位”（Positing）观念。这种观念自从提出后，被不断加以修正和发展，时至今日已经成为一种最为基本的广告创意营销方法。

他们认为，广告应该为竞争中的产品确立一个独特的位置。所谓的定位，就是利用广告为产品在消费者的心中找到并确立一个位置。一旦定位成功，当消费者面临某一特定问题需要解决时，就会自动想到这个产品。

定位法也常常与品牌形象法难以区分。然而，我们可以说，定位法更注重逻辑的分析，注重在逻辑的基础上进行产品在消费者心中的区分。

艾尔·里斯和杰克·特劳特提出定位理论后，不断有人加以丰富和发展。有人提出了定位的一些重要指标。

1. 以产品特征和消费者利益定位。

2. 以价格—质量关系定位。

3. 以使用方式定位。

4. 以产品实际消费者定位。

5. 以产品种类定位。

6. 以文化象征定位。

7. 以相对于竞争对手的位置来定位。

在以上经典的发展创意营销策略的广告创意营销方法中，威廉·伯恩巴克的实施过程重心法特别强调“如何说”。其他创意营销方法虽然也注重“如何说”（他们的代表人物在这方面表现也相当杰出），但它们却倾向于认为“说什么”将决定一个广告的成败。

第57天 变换角度

案例

声宝臭气杀菌洗衣机告诉大众，旅馆中的每一张床都有许多人睡过。在广告中，把时间给重叠在一起，也把所有睡过这张床的旅客给叠在一起。人们可以看到一间高级宾馆的房间中，旅客不是一个人睡在床上，而是与许多许多不同的人睡在同一张床上，有狗、有醉汉等。这个常被人们忽视的观点，一旦呈现在眼前，感受上并不愉快。于是声宝洗衣机及时为大众找到解决方案：在欧美高级旅馆都用臭气杀菌洗净床单，现在，家庭用的声宝洗衣机也有同样的功能，让大家松了一口气。

方法解析

上述案例表明习以为常的事物，用一个不同的观点、视角去看它，往往会让人大吃一惊，有了不同的价值。

第 58 天 利用节日

案例

1. 淘宝商城光棍节促销：节日

11 月 11 日，启用独立域名急需扩大知名度的淘宝商城启动了全场半价促销活动。超过 150 家淘宝商城商户加入此次活动，包括欧时力、杰克・琼斯、百丽、Nine West、Only、阿迪达斯、波司登、九牧王、迪士尼、诺基亚、博洋家纺、喜梦宝家具等品牌。iPad 和 iPhone 半价秒杀以及全场半价引逗起巨大的购买欲，共有 2100 万用户参与了疯狂抢购。活动开始不到 15 分钟，第一个“100 万元店”产生；1 个小时内，博洋家纺官方旗舰店成为第一个“500 万元店”。淘宝商城总计诞生了 181 家百万级店铺、11 家千万级店铺，其中，杰克・琼斯、博洋家纺交易额均超过 2000 万元，而支付宝系统也创造出每分钟 1 万笔成功交易的记录。

丰厚的促销数据使主办方不必为创意营销上的平庸尴尬，但可别以为促销是多么简单的事。早在数月前，淘宝就开始与这 150 家参加活动的品牌商逐一沟通，通报注意事项，并提出监控商家备货和运营情况的要求；在增加 15% 的服务器的基础上，支付宝还做了系统动态调整的预案；2009 年成立的“阿里云计算”公司，为淘宝的这一抢购活动提供了数据存储和计算支持，并优化了淘宝的后台交易系统，如果没有这些硬实力在背后支持，这场促销也可能会变成一场灾难。

淘宝商城光棍节促销。2010 年 11 月 11 日，有 2100 万人在这里购物，最后这些人花出去9.36亿元，这个数字比香港一天的零售总额还要大，考虑到其实只有150个品牌参与了这次五折活动，这简直太令人惊讶。促销是最传统的营销方式，当20世纪30年代百事可乐向可口可乐发出最初的挑战时，用的就是“一样价格，双倍享受”的广告词。

2. 麦当劳万圣节：吃相

图3-5　麦当劳万圣节系列广告

麦当劳的万圣节系列广告：来吧，以你自己本来的样子，除了灰姑娘，看其他的那些邪恶角色的吃相，还着实有点可爱呢。

方法解析

> 不论何种营销招式，都要遵循创造市场或者口碑这一根本。淘宝商城的光棍节，全场半价促销活动创造了一个市场，再次用最直接的方法诠释了这一理念。而麦当劳的万圣节广告，在邪恶角色的吃相上做创意，不由得让人停下来仔细看一看。

第59天　虚拟手法

案例1

2010年12月10日，一场疯狂的虚拟排队在中国内地悄然开展，迅速引发网络热潮。这是著名日本休闲服装品牌优衣库与人人网独家合作推出的“Uniqlo Lucky Line”网上排队活动，网友在优衣库网站 Uniqlo 店铺虚拟排队购物，即有机会获得 iPhone4、iPad、旅游券、特别版纪念 T 恤、9 折优惠券等精美礼物。这是优衣库在中国内地开展的又一次“全民排队乐”，沿用的是先前在日本和台湾地区分别创下 14 万与 63 万参与人次纪录的活动概念。

网络商业盛行时代，一股全新营销浪潮迎面来袭，营销传播开始迈向崭新的 3.0 时代——核心就是注重媒体渠道的创新、体验内容的创新以及沟通方式的创新，强调虚拟与现实的互动、社会化媒体的运用。

在网络经济时代，创意营销成为营销不可或缺的驱动力。众多商家充分运用创意营销，彻底颠覆传统营销的思路，让消费者在互动中感受企业理念，在主动中感知产品信息。

创新营销浪潮袭来。

早在 2010 年 12 月初，优衣库便已开始活动预热，12 月 2 日建立人人网公共主页吸引大量粉丝，12 月 3 日，优衣库在视频网站上放出活动广告，12 月 6 日，所有线下实体店开始使用宣传册和展板海报进行预告。

“一起上网排队吧！”

在面向广大网络排队族“一起上网排队吧！”这一口号的带领下，各路网友纷纷响应。活动过程中，排队游戏的界面底部不停滚动播出中奖者的名单公告，大奖得主的照片也公布在优衣库人人网公共主页的相册里。除了每天的随机大奖和幸运数字纪念奖，还评选出踊跃参与大奖得主，来自沈阳的杨威成为第一个完成排队 500 次的粉丝，获得了包含 20 件摇粒绒衣服的大礼包。

此外，可在为期 14 天的活动期内使用的 9 折优惠券数量很大，排队的粉丝几乎都能领到一张，这不仅使优衣库人人网的粉丝激增，更为优衣库线下实体店的圣诞促销带来更多的客流，刺激了实体店的销售。

本次活动共吸引了超过 133 万人次参与排队，无疑成为 2010 年末最具影响力和话题性的线上活动。线上的火热与线下的促销相结合，线上的传播与线下的销售相促进，整合线上线下资源，通过长达两个星期的在线活动宣传，将优衣库这一品牌进行全方位立体包装、传播、推广。

优衣库之所以选择人人网作为独家合作商，不仅仅在于人人网拥有更加灵活开放的合作态度，更在于人人网的用户普遍为年轻学生、白领，喜欢新鲜好玩时尚的创意营销，和优衣库的定位相契合。

“排队营销”是优衣库一大法宝，把“排队”这一现实生活中“烦闷”“无聊”的活动平移到网络上，冠以“Luck Line”之名，立即形成鲜明的反差。在排队活动中，网友还可以选择自己喜爱的动物、场景，对年轻人极具吸引力；在“好玩”的同时添加了激励因素，形成了网友自发参与活动的原动力，众多丰厚大奖使网友们跃跃欲试；同时，“排队”的概念运用巧妙，其本身带有的“因为吸引人所以很多人排队”的理念也逐渐传播出去，形成“排队效应”，如同石头投入湖中心泛起的涟漪，吸引了越来越多慕名而来的潜在消费者。

此外，活动载体人人网作为一个实名制的社交平台，网友在参加活动后都会自动在个人主页上刷新新鲜事，因而在真实的社交圈子中产生联动效应——实现一呼百应，一传十十传百的传播效果。

其实，这并非优衣库第一次运用“排队营销”。早在 2010 年 5 月上海世博会期间，位于上海南京西路的优衣库全球旗舰店热闹开张，其在开幕后的几天，将最大 Logo 下的进出口设为入口，其余几个进出口只作为出口。在入口处，两条隔离带引导着人们排队等候，队伍一直延续到门店侧面，远处看起来，队形呈现精确的“直角”状，十分惹眼。

线下的“排队营销”一来能有效地控制进入门店购物的顾客数量，为店内的顾客营造了舒适安全的购物环境，二来也巧妙抓住了国人心理，产生“优衣库这一品牌深受欢迎、火爆排队”的深刻印象，扩大声势。

新年伊始，优衣库又在人人网上隆重推出“2011 人人试穿第一波”，优衣库粉丝们可以通过在优衣库公共主页留言，申请成为优衣库试穿者，收到免费赠送的商品后在人人网的个人主页上发表试穿日记和试穿照片，动员网友对日记进行投票，票高者则可得到优衣库的礼券。无疑，优衣库新年试穿第一波将再次引发网络热潮，借用网民的力量主动推广优衣库品牌，延续“排队热”后的营销效应。

无论是线上的网络虚拟排队，还是线下的实体店排队，抑或是新年新衣试穿，优衣库都紧紧抓住消费者的心理。由于更多的激励因素、传播因素和新鲜创意营销，线上虚拟排队和新衣试穿活动带来更大的网络轰动和社会效应，更是结合网络媒体的一次成功的创新营销。

方法解析

反观大多数中国服装企业，仍禁锢于传统的营销推广思路，缺乏新鲜的营销元素，如单纯依赖传统广告推广、陷入使用明星代言的怪圈，似乎一定要聘请知名代言人才能打响品牌等。然而，以创意营销为主导的营销3.0时代，缺乏互动元素的传统营销推广手段只能给消费者带来越来越多的视觉疲劳和促销疲劳。

而作为日本休闲服装品牌，优衣库则跳出了传统营销思路的禁锢，在新媒体环境的视角下，充分利用营销3.0时代带来的创新思维，进行了成功的线上营销推广。

就本质而言，优衣库“Lucky Line”这种虚拟现实的活动，是一种整合了的数字营销，借助于互联网络、电脑通信技术和数字交互式媒体来实现营销目标，其中包含了客户参与式营销、互动营销等，不失为一种有效的企业公关手法。

对于服装企业，特别是定位于白领阶层、年轻学生等深谙网络特点的人群的企业，如真维斯、班尼路、佐丹奴等服装品牌，已意识到网络的力量，并且开辟了官方网站，开发电子商务。当网络成为人们日常沟通和信息传播的又一不可或缺的平台时，传统品牌应该充分意识到，自己可以参考优衣库的模式，利用网络的力量进行企业公关、营销推广，而不仅仅只是单一地展示服装。这里最重要的是网友的互动参与——线上排队赢取奖励，线下活动促进销售，立体式进行品牌宣传。

此外，除了“排队+激励”这一形式，还可以在此基础上添加

“团购”“秒杀”等活动元素，定期开展不同的营销活动，如某号码段的幸运粉丝可参与秒杀活动，又如某时间段接受团购申请。将商场的战火点燃。

“Uniqlo Luck Line”是优衣库为了在中国台湾发布新款产品而举行的线上排号有奖活动，用户通过Twitter和Facebook均可以报名参加。

优衣库为此次活动专门建设了一个虚拟社区式的互动网站，每一个报名参加活动的人都可以在网站中看到自己的形象在商店门口排起了长队，目前吸引了超过40多万人来排队，而以粉丝爱排队著称的苹果新产品发布时排队人数也只有几千名。关键词“Uniqlo Luck Line”在活动发布后数小时便成为Twitter全球十大热门话题之一。

在产品上，优衣库也不会放过任何一个正在流行的元素，如打底裤、条纹海洋风和细碎印花。每季推出的T恤产品就有五百种，迪士尼的新电影《爱丽丝漫游仙境》刚刚全球同步上映，UT马上挂出了爱丽丝限量系列。为了方便顾客购买，优衣库发明了“UT搜寻”的检索机台，让顾客能从色彩、图形、主题、关键词等各个角度搜寻自己喜爱的T恤。全新的T恤选购法让UT一推出就在日本成为话题，店内连续数天都挤满大量顾客。

案例2

为推广旗下新产品“悦活果汁”，中粮创新食品有限公司（以下简称“中粮创新”）与开心网合作，将悦活果汁的品牌推广植入到用户游戏的过程中，举办线上的种植大赛吸引用户参与。“线上种植、虚拟榨果汁”这种新奇的玩法在白领阶层掀起了一股狂热。

从2009年5月16日开始仅半个月的时间，参与活动人数超过50万，虚拟榨果汁次数8300多万，送好友果汁超过6000万次。开心网上的虚拟果汁备受追捧，带动了线下真实产品的热销，尽管一瓶280毫升的悦活果汁标价5.8元，但仍有大批消费者追捧，中粮旗下的悦活果汁在一个月内销售业绩提升了30%。

方法解析

我们不禁思考，在果饮市场竞争激烈的今天，悦活作为一瓶净含量更小、价格更贵的果蔬汁凭借什么让顾客买单呢？

1. 锁定乐活一族

悦活来源于“Lohas”。Lohas 意为健康、可持续的生活，在中国将之称为“乐活”。由此，中粮创新将产品定名为悦活，而都市白领则成为悦活的目标群：他们向往乐活生活，年龄在25~40岁，受教育程度高，偏年轻，对生活追求健康，对产品要求自然。

中粮创新认为乐活式的生活将成为白领人群最向往的生活方式，于是将乐活主义贯彻到悦活的产品和文化理念中。所以，悦活的定位是引领生活态度和生活方式的果汁。

2. 选准营销平台

为了做到精准营销，中粮创新研究了目标群的生活习惯：城市白领每天接触时间最多的媒体就是网络。在办公室颇有人气的开心网，符合“悦活”的消费者定位，且用户黏性强，其插件几乎是为悦活量身定制的：用户亲自种地，体验收获乐趣，亲自榨汁，灌输无添加的理念，游戏道具场景卡又能让网民了解悦活的天然产地。

营销平台基调与产品理念契合度一致，用精准营销方式将效果最大化，是“悦活”与开心网合作成功的重要因素。

3. 注重网络互动

网络媒体的传播方式是用户主动参与，这与“悦活”的品牌主张不谋而合。

活动一上线就受到大批用户追捧。新建的悦活粉丝群仅用一天半就超过10万用户，大家都在讨论如何收获最快，如何得到实际赠送的果汁等，与活动相关的各种话题受到追捧。从5月16日开始仅半个月的时间，参与活动人数超过40万，虚拟榨果汁次数

8300多万，送好友果汁超过6000万瓶。

4. 线上线下结合

开心网上的虚拟果汁受追捧，带动了线下真实产品的热销。

据了解，此次活动分为三个阶段进行，从5月16日开始到5月26日为第一阶段，主要提高知名度、传达品牌主张，到6月25日活动全部结束。截至目前，线下赠送悦活礼盒达5000多套。

很多消费者在购买果汁时就能说出产地，这得益于游戏中的小细节。让消费者了解悦活果汁原料产地是此次推广的目的之一，了解中粮创新供应商甚至可以追溯到田间。通过三方多次协商，中粮创新选择将4个产地绘成场景卡来做游戏背景。不同的场景卡能让游戏中的果实提前成熟，用户也加深了印象。

在本次活动期间，几乎每位玩家的农场角上都竖立着“悦活”的标志，玩家们在自己农地上竞相种植悦活果种，酿造蜂蜜，都极大程度上提升了“悦活”这一品牌的知名度。

第60天 换种说法

案例

面对联通的挑战，移动推出“动感地带”，相当于给自己专门做了个符号：“自由自主的”，移动的地盘，移动做主。

方法解析

“动感地带”是值得一提的案例，它在本质上没有改变，但因为换种说法，符号发生变化，销售随之发生变化。

第 61 天 重新组合

案例

以模组化为主的创新。在果汁里添加新的东西就变成调味果汁；把洗衣粉浓缩就成了洗衣精；为避免银行下班而使顾客享受不到服务，就出现了自动提款机。此外，快递服务也是模组化的创新。

以大小为主的创新。以前的汽水都是大罐装的，现在有学生罐、小罐等多种形式；网络连线服务也一样，以前我们在家里只能拨号上网，现在可以申请宽带上网。

以包装为主的创新。有人在情人节的时候，把巧克力包装成 100 朵玫瑰花形状，虽然售价远远高于一般的巧克力，但是购买的人仍然排起了长队。

以设计为主的创新。汽车、手表、滑雪板等都是典型的例子。

以互补发展为主的创新。在沙拉里添加胡萝卜、橄榄、水煮蛋、洋葱等，每天就可以吃到不同的沙拉，这就是通过互补找到一些新的变化和创新的例子。此外，饼干、洗手液、搬家服务、电脑附加服务等都属于以互补发展为主的创新。

让顾客省心的创新。顾客去看医生，本来需要自己到医院去，如果你推出到顾客家里接送病号的服务，这就是一种减少顾客心力的服务。

开创新商机的创新。比如麦片饼干棒。现在我们买饼干，饼干里面加麦芽糖或者巧克力都是很正常的。但是当初，麦片饼干棒可以说是一项突破。Hero 公司第一个在欧洲推出麦片饼干棒，这项商品不仅相当新奇，还创造出新的消费场合，使该公司成为市场领导者之一。

开拓新市场的健达出奇蛋。健达出奇蛋是小朋友最喜欢的一种蛋形巧克力，一口咬下去后里面还有玩具。市场资讯调查机构 AC 尼尔森公司在 2001 年的《十亿美元品牌报告》中指出，健达公司是全球最大的巧克力品牌，也是年销售额超过10亿美元的唯一厂商。据美国《广告年代》估计，健达公司在2000年全球媒体费用支出约为67亿美元，其中有63亿美元花在美国以外的地区。

增加附加价值的加油站商店。传统上，加油站一直是汽车加油的地方，这是加油站的主要用途。但我们经常会看到加油站也出售其他商品，如口香糖、点心、汽水饮料等。

创造新事业形态的网络咖啡。咖啡厅与自助餐厅里卖饮料、咖啡、茶、三明治等，是很习以为常的事，但是兼卖网络上线服务呢？在网络刚刚开始发展的时候，不是每个人都能在家上网，于是有人想到把网络服务带进咖啡厅，创造所谓“网吧”的生意新形态。

拒绝墨守成规的芭比娃娃。芭比娃娃一直是世界上最畅销的娃娃，已经成为很多女孩生活的一部分。芭比娃娃超越时代的魅力已经吸引了大批狂热收集者。从知名歌手雪儿到迷人时尚设计师系列主题，芭比娃娃收藏系列已经达到600多种。

以创意营销结合工艺的索尼随身听。随身听这种新产品上市后，虽然广告预算只有10万元，这个构想和产品却大为叫座，后来还成为历史上最成功的行销创新代表。随身听让索尼公司成为市场领导者，也为该公司其他产品带来稳定的现金流。

方法解析

一般性的市场创新手法，其实只是在既有产品与服务的基础上加以变化。上述很多方法，实际上是产品与服务的不同组合模式，变一种，减一种，加一种，都会产生创意营销。

模组化创新包含特定的产品与服务创新，在其基本特性上做增减变化。我们谈的主要是产品的功能或实体特性。

以大小为主的创新并不改变什么，只是通过改变产品或服务的数量来推出新产品。

以包装为主的创新。改变产品的包装方式就可以改变产品的功能、利益或用途。

以设计为主的创新，是指在设计或外观上进行修改。

以互补发展为主的创新，是指在基本产品上添加一些成分，以求变化创新。

让顾客省心的创新，是指当顾客在购买产品或服务的同时，必须消耗一些心力，这也是一项成本。以减少消费者在购买流程中付出心力为主的创新，主要不是调整产品功能或服务流程，而是调整购买时所涉及的心情和风险，也就是说主动为顾客提供更多的服务，也可以形成创新。

第62天 强调历史

案例

××年的商品，除了强调自己是有历史的品牌，也暗示着自己经验老到，或是汽车类广告总喜欢强调自己“荣获金牌、奖章”，以证明具有权威不凡的经历。

安联保险公司在台湾推出时的广告，便强调自己曾经为世界著名大桥、摩天大楼、国际机场承保，当然，今天保障你的家，未来也不在话下。

许多老字号的食品，总会强调自己保持了传统的风味，又有了现代的工艺。

方法解析

这是从过去的成绩来看现在的贡献，并且依此类推到未来必然也很成功的表现类型。基于此，目前很多商品在商标上加上“Since”。

第63天 巧妙组合

案例

图3-6 健身俱乐部广告

德国一家名为Elixia的连锁健身俱乐部面向夫妇推出组合健身美体计划。

方法解析

> 该创意营销来自Kolle Rebbe广告公司，男人梦想的肌肉、女人梦想的臀部如此结合，很巧妙，这种方法值得借鉴。

第64天 当场试验

案例

美国宝洁公司的飘柔洗发水，几年以来在台湾制作的一系列广告，都是在街头、校园中找人现场洗发，大家围观路人或女学生洗头发，再比较洗前洗后的差异，头发变得亮丽飘柔了，赢得大家的赞美。

方法解析

当场试验，在感觉上既真实又具说服力。

第65天 重新定位

案例1

万宝路刚进入市场时，是以女性作为目标消费者的，它的口味——淡而柔和也是特意为女性消费者而设计的。为此它推出的广告口号是："像五月的天气一样温和。"从产品的包装设计到广告宣传，万宝路都致力于明确的目标消费群——女性烟民。然而，尽管当时美国吸烟人数年年都在上升，万宝路香烟的销路始终平平。20世纪40年代初，莫里斯公司被迫停止生产万宝路香烟。后来，广告大师李奥·贝纳为其做广告策划时，做出一个重大决定，万宝路的命运也由此发生了根本性的转折。李奥·贝纳决定沿用万宝路品牌名对其进行重新定位。他将万宝路重新定位为男子汉香烟，并将它与最具男子汉气概的西部牛仔形象联系起来，吸引所有喜爱、欣赏和追求这种气概的消费者。通过这一重新定位，万宝路树立了自由、野性与冒险的形象，在众多的香烟品牌中脱颖而出。从20世纪80年代中期到现在，万宝路香烟一直居世界各品牌香烟销量首位，成为全球香烟市场的领导品牌。

主人公：体魄健壮，气宇不凡，刚劲坚毅，勇于进取，沉默寡言，目光深邃的美国牛仔；饱经风霜的脸，严肃中透出的美国幽默，高大的骏马；

背景：美国西部的旷野，意境豁达；

意念：粗犷、生命的强度和力度，体现移民对事业的狂热追求。

方法解析

万宝路香烟的广告宣传就是按照“韦勒原则”来处理的：

它卖的不是香烟，而是其所代表的感觉、精神。

奔驰的骏马、英俊健壮的西部牛仔，享受万宝路就如同享受自由自在、天马行空的豪放之情，骑高头大马的牛仔是自我奋斗、开拓事业、有勇往直前精神的男子汉的化身，是美国精神的代表。万宝路香烟卖的，不是烟，是形象，形象的核心意义——男子汉气概、成年、强壮、性能力。

案例 2

力士香皂：不是清洁而是美容。

力士是国际上风靡的老品牌。它 70 多年来在世界 79 个国家用统一策略进行广告宣传，并始终维护其定位的一致性、持续性，因而确立了它国际知名品牌的形象。力士香皂的定位不是清洁、杀菌，而是美容。相较清洁和杀菌，美容是更高层次的需求和心理满足，这一定位巧妙抓住了人们的爱美之心。

方法解析

如何表现这一定位来与消费者进行沟通？力士打的是明星牌。通过国际影星推荐，力士很快获得全球认知。同时，用影星来说“美容”，把握了人们偶像崇拜以及希望像心中偶像那样被人喜爱的微妙心理。70 多年来，力士始终执行这一国际影星品牌战略，与无数世界著名影星签约，其中包括索菲亚・罗兰、简・芳达、伊丽莎白・泰勒、奥黛丽・赫本等，保持了定位的连续性和稳定性。它的定位与表现方式相得益彰，从而成功地树立了“力士”的国际品牌形象。

与以上相同的案例还有自行车，自行车是传统代步工具，20 世纪 50 年代美国年产销 400 万辆，后下降为年 130 万辆。重新定位：健身休闲用品，增加品种类型和花色。完成了从代步工具到休闲健身的转变。

还有杂志《广东妇女》到《家庭》，重新定位带来广阔的市场。《广东妇女》杂志于 1980 年创办，是广东妇联的机关刊物。由于受到定位的限制，它的目标读者群比较狭小，仅限于广东省内部分妇女。因为缺乏知名度，投稿的人少，投来的稿件覆盖内容也比较狭窄，因而发行量很低。1983 年，它更名为《家庭》杂志。这一更名，首先使杂志摆脱了束缚发展的狭隘地域限制，面向的是更为广阔的目标市场；由妇女变为家庭的定位变化，则涵盖了妇女、孩子甚至男子，覆盖了全国范围几乎所有家庭成员，从而成为一种更为大众化的通俗刊物，更贴近普通百姓的生活。新的定位，使它内容上突破原来地域、取材范围、体裁的局限性，获得来自全国各地的、各种体裁和形式的、讲述有关家庭的各个方面的稿件，杂志的内容更为丰富、更具有趣味性，吸引了全国各地、各个阶层和年龄层次的读者，知名度迅速提高，一跃成为全国销量最好的杂志之一，曾经创下一个月销量达 350 万份的记录。

第 66 天 以情动人

案例

维他奶“背影篇”：一位少年暑假回香港的乡村探望从未见过面的祖父。初到乡村，既新鲜又有些不适，连走路都有些磕磕碰碰。祖父替孙子在碰青的膝盖上擦跌打药水……淳厚真挚的亲情，潺潺流淌的清泉，融化了祖孙之间的一切隔膜。快乐的暑假过去了，祖父送孙子上火车。开车前，祖父越过铁轨，爬上对面的月台，在小吃店买回一盒纸包装的维他奶给孙子途中解渴。火车开动了，祖父的音容渐渐远去，而他脸上淡淡的愁容却永远刻进了孙子的心田。此时，画面水到渠成地显现字幕："始终的维他奶。"

方法解析

相同的案例还包括日本精工表，在广告中只字不提产品。日本精工表："恰当地表达自己真挚温馨的爱情，不仅仅是一份勇气，更是一种艺术。象征永恒的精工对表，是高贵的爱情标志，也是天长地久的爱情魅力，在我们生命中的某些时候，爱情，应该是看得见的。"广告中没有商品的性能、特点之说，却营造了柔情绵绵的氛围和温馨的情趣。

第 67 天　制造话题

案例

诺基亚《北京街头法拉利拉黑活》视频营销。

6 月 1 日，一个名为《北京街头法拉利拉黑活》的视频几乎同一时间占据了土豆、优酷等各大视频网站的显著位置。视频中一男子将极其拉风的法拉利的座驾停在路旁，引来一年轻小伙想与这世界级名车拍照合影，不可思议的是，驾驶法拉利的男子居然是公开拉黑活的："地铁口 20 元。"价格几乎和普通出租车一样，此举让广大网友哭笑不得。

正在此视频引发网友无限猜测时，6 月 4 日又一则名为《真相大揭秘：

北京街头法拉利拉黑活》的视频在结尾处的一段话“法拉利不该在这里”为我们揭开了这个视频的真正用意。原来该视频是诺基亚的为宣传 N－Gage 游戏服务平台，以及基于 N－Gage 平台的最新游戏《极品飞车之无间风云》而制作的营销视频。

仅仅在土豆网和优酷网上，《北京街头法拉利拉黑活》的播放量均达到了百万次，在网络上的所有播放量和传播量更是有望超过千万次。

方法解析

诺基亚为宣传新产品的营销成功之处在于以下三个方面。

1. 视频广告使网民更容易接受

截至 2009 年 6 月底，在 3.38 亿中国网民中，网络视频用户已达 2.22 亿。相对于文字性的信息传播，很多网民愿意点击网络视频广告，视频网站的媒体潜力被广为看好。将视频情节与广告结合在一起，在用户浏览视频时能巧妙达到宣传效果。

2. 病毒传播扩大广告效果

视频营销具有病毒传播的特质，在网民中再传播的概率更大，使得信息以病毒扩散方式蔓延、重复扩散，而且网络视频的表现形式丰富多样，使得网民的关注时间会更久。

3. 视频营销成本低，效果可监测

一段视频广告的制作成本可能仅需几万甚至几千元，不到同类电视广告的十分之一，但传播效果并不逊色。诺基亚在短短一周左右时间就成功地利用视频营销达到了洪水般的宣传效果，而且成本要远远低于常规宣传手段。

视频营销多采用 Cpn（千人曝光成本）计费形式，效果可监测和评估。

第68天 网络热帖

案例

魔兽世界：“贾君鹏，你妈妈喊你回家吃饭。”

2009年7月16日上午，百度贴吧魔兽世界吧中一个IP为“222.94.255.＊”的匿名用户随意发了一个题为“贾君鹏，你妈妈喊你回家吃饭”的帖子，而帖子中并无内容，只有“rt”两个字母，意为“如题”。

本来这在魔兽世界吧中是一件再普通不过的事情，类似内容的帖子在该吧中并不鲜见。作为百度贴吧中影响力最大的贴吧，魔兽世界吧虽然是一个游戏主题的贴吧，但贴吧中的内容绝大多数都与魔兽世界游戏无关。贴吧中充斥着各种厘头的恶搞甚至诸如“瞎我狗眼”之类的自嘲，而各种队形（指在一个帖子中回帖网民模仿发帖者的句式和句意来进行回复或者直接复制发帖的内容进行回复）、刷帖盖楼（回同一个主题帖，以使该帖获得非常高的回复数）在吧民中也是一种流行文化。但是恐怕发帖者也没有想到，接下来他将创造一个网络奇迹。

方法解析

火遍各大论坛的“贾君鹏，你妈妈喊你回家吃饭”的帖子是一场高明的策划。策划的目的就在于激活已经沉寂多日的百度魔兽世界帖吧的人气。

自从第九城市结束对“魔兽世界”（以下简称“魔兽”）4年的代理运营后，“魔兽世界”被网易抢到了代理权。让网易措手不及的是，国家新闻出版总署等重新对魔兽进行审批，导致了网易一直无法开服务器。于是魔兽在中国的百万玩家们（关于玩家的人数，第九城市以及网易都未提供翔实的数字，根据网络统计，玩家在100万人至400万人之间）只好在各个论坛上漫无目的地闲逛，然后抱怨。所以，为了减轻魔兽玩家的无聊感，所以策划者决定制造一个热点讨论事件，引发玩家的关注热情。谁也没有预料到，一次无心的炒作，引爆了网络沉寂的激情，贾君鹏事件成为2009年中国互联网的一道奇观。

“贾君鹏，你妈妈喊你回家吃饭”这个空帖的流行与它所遭到的热捧，引起了虚拟和现实世界的广泛关注，因为其中包含了游戏、恶搞、谎言、炒作、回忆、温暖、寂寞、空洞、有闲、草根、狂欢以及包容等诸多含义。

纵观“贾君鹏帖”事件，只是由一句近乎无聊的调侃，最终引出了数十万人关注的火爆，这一奇特现象也反映出了网络时代网民特有的文化心理：恶搞、盖楼、抢楼、PS、人肉搜索等，这是一场被期待已久的网络文化的狂欢，而事件策划者正在深刻把握住网络时代的这一特点。

网民们在种种看似无聊的网络行为中，寻找自己的欢乐，折射出了诸多网民精神文化的空虚状态。也许正如现在流行的说法：我们盖的不是楼，我们盖的只是寂寞。

第69天　制造感动

案例

新浪网科比整合营销的成功离不开以下三个方面的营销策略。

1. 偶像效应，势不可挡

根据NBA中国公司提供的数据，全球篮球人口超过了3亿，其中15～24岁的年轻人中有83%是NBA球迷。而且NBA有1/5的流量来自中国。由此可见，NBA在中国年轻人中的影响力非常大，而科比无疑是在中国最受欢迎的现役NBA球员。特别是在北京奥运会上，科比在中国受欢迎的程度，连美国人都非常吃惊。选定科比这个今日 NBA 第一人，强化了新浪体育营销平台的资源优势和明星效应。

2. 话题营销，推波助澜

一个名叫安安的“无腿男孩”在新浪“绿丝带”论坛发表了“科比叔叔，我爱你”的帖子得到网友的强烈关注。帖子中，安安对科比叔叔倾诉了对篮球的热爱和对科比的崇拜之情，以及自己“考上好大学，成为一名真正的男子汉，成为对社会有用的人”的坚强心声。一场帮助双腿截肢的孩子找到 NBA 巨星科比的网络行动迅速展开。很快，安安如愿以偿地得到了科比的签名篮球和海报，还收到了科比的亲笔回信和勉励。这表明了网络穿越时空的强大优势。而热点话题本身更是为新浪的科比策划案起到了推波助澜的作用。

3. 线上线下活动相结合

（1）线上：整合博客、论坛、手机等互动平台，多角度策划，持续引发网友狂潮。

在科比博客上，科比的立体呈现无限缩小了球迷与巨星的距离，全面带动了官网、论坛流量持续走高。从 1 月开始的短短 5 个月内，科比中文官网到访人次累计超过 5800 万，创造了体育明星中文官网的最火爆成绩。新浪设计的一组凝聚科比精神的 Widget 插件和科比博客模板，供网友添加到个人博客上，6 个月内 Widget 插件被添加 1.4 万次。

（2）线下：通过“谁是科比大弟子 · 新浪葱动篮球争霸赛”等地面活动与目标大学生群体近距离沟通，让“科比精神”深入人心。

全国 11 个城市的 44 所高校，在限制报名数量的前提下仍有 3369 支队伍、13500 多人报名参赛，直接参与人数超过 6 万，直接影响人数则超过 60 万。

方法解析

在中国网民规模不断壮大的背景下，其中 10 岁至 29 岁的青少年及青年群体占了 62.8%。如何设计出让年轻群体感兴趣的话题、热点事件和活动，找到具有话题性的偶像以及更强的参与性，是能否带来营销效果的关键。新浪对 NBA 巨星科比的整合营销传播是定位于年轻群体的经典营销案例。

通过对科比中文官网的打造和宣传，在年轻群体中极大提升了科比中文官网的品牌知名度，有效吸引了更多的年轻人群选择新浪。通过为科比与中国球迷搭建跨越时空的交流平台，让中国球迷能够真正与偶像“亲密接触”，有效提升了新浪品牌的美誉度，特别是在大学生群体中效果更加显著，进而获得更多的年轻用户，进一步巩固了新浪体育的行业龙头地位。

第 70 天　政治话题

案例

片长 45 秒，汇集世界头号独裁者，包括津巴布韦总统穆加贝、利比亚前领导人卡扎菲、伊拉克前总统萨达姆、南非前总统博塔和乌干达前总统阿敏。不过除穆加贝还在位以外，其他几位都已去世。

广告短片以穆加贝在晚餐前在餐桌上摆上出席的嘉宾姓名为开端，回忆过去与各位独裁者共同度过的时光。片中穆加贝不仅和卡扎菲打水枪（水枪造型为金色 AK－47 步枪），还和萨达姆在沙滩上嬉戏，和博塔荡秋千，又和阿敏在坦克上摆出电影泰坦尼克号中男女主角在船头亲密的动作。短片以穆加贝独自在空荡的餐厅的画面为结尾，因为其他独裁者都已过世。而随即就出现配音“This Time of Year, No One Should Have To Eat Alone”（每年的这个时候，任何人都不需要独自用餐）。

Nando’s 是世界知名的烤鸡连锁餐厅，1987 年创立于南非，现在在世界 28 个国家拥有分店。每年进入 11 月尾声开始，便意味着 Holiday Season（度假季）的开始。从感恩节，圣诞假再到新年，是人们和亲友相聚的时候。这支广告是 Nando's “Meal for 6：Guess Who is Coming To Dinner”（猜猜谁会出席）宣传的一部分，所以广告中也出现了上述“独裁人物”。

方法解析

> 意大利服装品牌 Benetton 曾经以合作为诉求的宣传企划，用计算机制作不同立场的政治和宗教人物的亲吻照片，引发了关注。Nando's 也是以政治话题为切入点，同样引发不小的关注。

第71天 咬文嚼字

案例

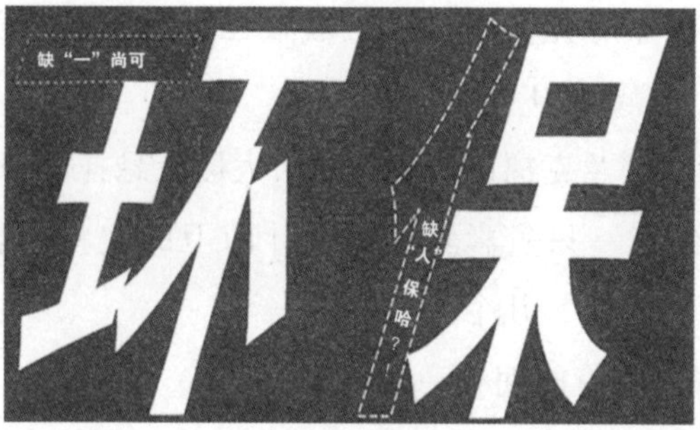

图 3－7 环保的广告

图 3－8 “China” 的广告

方法解析

上述案例，都是以图示意，不用过多说明，已经把要表达的意思都说了出来，是一种很好的创意方法。

第72天 户外创意

案例

1985年，海耶克在对Asuag和Ssih进行了历时四年多的重组后，正式成立了Swatch集团。Swatch集团的制表工匠不仅缔造了新的超薄表记录，更发明了全新的制表工艺。当第一只Swatch手表摆在了海耶克的桌时，他看到了一款前所未有的手表——色彩艳丽、设计前卫，完全由塑胶和其他合成材料制成，机械底盘、表壳和镶嵌板三部分被合并为一体成形的表壳，零件也由91个减至51个。

50天后，德国法兰克福市最高的摩天大厦上悬挂了一条500英尺长的巨幅广告，上面画着一只色彩鲜艳、设计前卫的塑料手表，和“Swatch、瑞士制造、60德国马克”几个大字。

只要60德国马克就能拥有一只瑞士手表?

这个爆炸性的新闻立即成了各大媒体的头版头条，市场在第一时间就被点燃了。不久，同样的广告又出现在日本东京银座。上市第一年，Swatch便创下销售80万只的惊人成绩。

方法解析

瑞士手表的挂大楼广告，把室外关注、悬念融合在一起，自然能起到良好的营销效果。

第五单元
从差异点入手做创意营销

第73天 3D技术

案例

宝马3D投影展示：3D新技术。

宝马在新加坡地标性建筑新达城上投放了亚洲首个互动3D广告。不同一般汽车广告，这则广告采用了卡通风格，长达10分钟的时间里还穿插了对围观市民的采访。这则广告由荷兰的Nuformer数字媒体公司制作，这家公司同时还承担了三星和索尼的3D广告制作，他们的作品还在法兰克福城市广场等标志性建筑上播放。

宝马亚洲市场总监Lito German说："我们希望将宝马品牌的核心价值观传递出去。同时，我们尝试从不同角度了解快乐以及它是如何激励平凡的人们获取成功的。"

宝马可不希望这次颇具创意营销和科技实力的广告只是灵光一现，甚至在广告制作过程中，宝马就通过Facebook等网络渠道与市民互动，传到YouTube之后在几天之内获得20万点击量，更有数千博客和Twitter转帖。考虑到不错的营销效果，宝马不排除将创意营销移植到亚洲其他城市播放的可能。

方法解析

3D 新技术，比传统广告更具观赏性，在未来将占有更大市场份额。

第74天 制造神秘

案例

图4－1 SK－Ⅱ的广告

SK－Ⅱ的含义：最贵的面膜。

“SK”为 Secret Key 的缩写，那么“Ⅱ”意指什么？恐怕绝大多数人不甚了解。有人说 SK－Ⅱ是指：The Secret Key To Beautiful Skin（近年改为 The Secret Key To Crystal Clear Skin），可见“Ⅱ”应该就是歇后隐藏的 To Beautiful Skin。这与爱尔兰常春摇滚团体“U2”的名称，据说来自闲话一句“You Too”的谐音，有类似的妙趣。不同的说法，更让这一品牌充满了传奇色彩。

定义的高超：SK－Ⅱ是酒中的酵母，而酒中的酵母就是 SK－Ⅱ？

美国宝洁公司的 SK－Ⅱ宣传，SK－Ⅱ就是 Pitera，Pitera 就是 SK－Ⅱ，两者如胶似漆，难分难解。至于 Pitera 究为何物？这个问题跟“情为何物”一样，答案不会虚无，但很缥缈。SK－Ⅱ在台湾的文宣表示，Pitera 即是天然活肤“酵母”精华，极其珍贵。

根据三十五年前即参与研发的 SK－Ⅱ资深研究员吉井隆说，自然界里头约有近 360 种天然酵母，他们所采用的酵母，学名叫作 Saccharomycopsis。但说了等于没讲。该学名指的是一长串种类繁多的菌属，到底是哪一种酵母？或哪几种？对不起，商业机密，恕不透露。虽然 SK－Ⅱ才仅三十岁，不过，根据人家 SK－Ⅱ的说法，Pitera 自古即存在于清酒的酒糟当中。那么，随着千百年来日本清酒酿造方法的绵延传承，蕴含在酒糟里的 Pitera，可真的算做“老药妆”了，只是迟至 70 年代才被发现而已。

SK－Ⅱ消费者多为“妈妈级”的女性，定价高，知名度不高，却突变为国人爱用的保养品牌，请看日本人制造、美国人营销的 SK－Ⅱ的传奇故事。

“SK－Ⅱ”在化妆品业界是一美丽话题。诞生于日本的 SK－Ⅱ，消费者也许知道按照现今背后大当家为“无法大量复制，也无法被人工、机器取代。必须经严格筛选，运用十五种酵母，来加以萃炼。”它的制作过程相当繁琐，首先在培养液中加入精选“酵母”，然后“酵母”吸收培养液中的养分，经过整整四天 96 小时的天然发酵，产生包括氨基酸、有机酸、蛋白质、维生素 B2、维生素 B5 等成分，最后从发酵液中过滤去除“酵母”本体后，所取得的物质就是 SK－Ⅱ，就是 Pitera，就是“天然活肤‘酵母’精华”。但究竟是什么“酵母”，能够创生出倾倒女士的“神奇水”（The Miracle of Pitera）？

东亚的广告是科学家看到双手皮肤细嫩如少女的老婆婆。

早期在东亚及南亚地区，SK－Ⅱ声称，1975 年，日本科学家参观某清酒酿造厂，目睹酿酒婆婆（日本国内则严谨称作“杜氏”，指男性长者）满脸皱纹，双手肌肤却细嫩宛如少女（新加坡的广告宣传则说“双手好似婴儿”），颇感惊异。科学家耗费数年埋首实验，终于明了，原来是酒糟里的酵母，让长期浸润其中的酿酒婆婆的双手维持白皙娇柔，从而揭开了 Pitera 的秘密。1980 年，蜜丝佛陀取得 Pitera 配方，着手商业化，产制著名的第一号商品 SK－Ⅱ青春露（Facial Treatment Essence）上市。

英美地区的广告是僧侣看到双手皮肤细嫩的老伯伯。

但在英美地区，SK－Ⅱ的诞生，更蒙上一层神秘面纱。初期厂商的文化宣传部透露，最先造访清酒作坊的，并非科学家，而是一名僧侣（Monk），而酿酒工人也并非“老婆婆”，而是“老伯伯”（Elderly Man）。并以“Ritual”（仪式、惯习）一词，作为使用方法说明的标题。很明显地，广告故意增添了异国的东方“禅”味，来替SK－Ⅱ加持，赋予传奇色彩（但这类故事、物语，近年来已消失于官方网站）。

当然，天女散花般的自卖自夸，爱美的女性听了喜上眉梢，某些行家可就紧蹙额头了。例如，号称化妆品警察、“美丽圣经”的作者葆拉培冈曾指出，SK－Ⅱ标榜的Pitera，如同它的竞争对手海洋拉娜的Miracle Broth一样，不过是一种营销技巧手法，并无经公开且正式的科学学术单位检析证明，且未在学术刊物背书发表其宣称的效用。

SK－Ⅱ被宝洁重新包装：从“妈妈级”走向明星代言。

SK－Ⅱ原本属于蜜丝佛陀［注：美国彩妆品牌，Make up的提出者，如假睫毛（1919年）、防水性化妆品（1925年）、唇彩（1928年）、便携式粉饼（1935年）、不易脱色唇膏（1940年）、睫毛膏（1958年）］旗下的品牌之一，初先打出的品名叫作Max Factor Success Key with Pitera，后来改称Max Factor SK－Ⅱ。它的定价高，知名度不高，消费者多为“妈妈级”的女性。1991年，宝洁购并蜜丝佛陀之后，指派鼎鼎有名的执行兼品牌经理雷富礼（Alan George Lafley，后来升至首席执行长，已退休）前往日本驻点整顿，透过市场调查发现，尽管蜜丝佛陀在日本、中国台湾的销售成绩欠缺理想，但旗下的SK－Ⅱ却是贩卖数量固定的长销产品，拥有稳定的客源忠诚度。

进入化妆品市场才两年的宝洁公司（1989年购并Noxell），决意试行摸索，重新改造在日台的营销策略，大胆略去蜜丝佛陀的挂名，独立定位SK－Ⅱ为“护肤专家”，诉求对象为经济已具基础的35岁前后至50岁女性，启用影视歌星、名模、美女作家代言，塑造产品的高级优雅形象。港台地区接连请刘嘉玲、萧蔷、琦琦、关之琳、郑秀文（林忆莲、成英姝、莫文蔚、李心洁、容祖儿后来接力）。日本则先凭靠中年气质女优桃井熏独挑大梁，直到五年前起，小雪、菊地凛子继之。

熟女偶像现身见证，加上语不惊人死不休的夸张说词——“你在看我吗？靠近一点，没关系，你可以再靠近一点”“十四天就白回来了”“一天只睡一小时”——这套营销策略，炮炮大红，接二连三赢局，跌破许多化妆品营销专家的眼镜。

1997 年，羽翼丰满的 SK－Ⅱ，开始在台湾的百货公司设置独立专柜，摆脱了“亲娘”蜜丝佛陀，消费市场的名气甚至超越了后者——曾经“迷死”好莱坞女星，艳惊影坛的“彩妆圣手”蜜丝佛陀。尤其是 SK－Ⅱ共开发的近五十款产品之中，有的甚至“踩线”，跨入彩妆领域，让品牌形象跟销售业绩都已经珠黄失色的“亲娘”蜜丝佛陀情何以堪。宝洁将中国台湾的 SK－Ⅱ成功模式经验，输出其他亚洲国家和地区，也陆续收获了市场的销售佳绩。2000 年进军英国，2004 年反攻美国。2007 年，SK－Ⅱ礼聘澳洲出身的好莱坞知性熟女演员凯特布兰琪代言。

方法解析

化妆品可分四大类别：一是香水；二是彩妆产品；三是治疗产品；四是保养产品。所谓“保养”，不外修护、活化、回春，功用功效即“维持保持”“重复重现”，具备美颜护肤的机能。但保养产品的原料，据说来源取得困难，普遍价昂，年轻女孩买不起，但肌肤状况佳的她们也不需要。因此受制于消费人口数量偏少、购买对象年龄偏高的商业现实下，保养产品的经营非常不易。而让人惊奇的是，SK－Ⅱ在台湾，居然能够逆向操作，从“妈妈级”改头换面，脱胎换骨，刷新形象，风靡老、中、青女性消费者，夺占了保养品的显赫地位；并且除了女人爱用，男人也爱买——买来送女人。

通过梳理其发展历程，日本人制造、美国人营销的 SK－Ⅱ，并在中国化妆品市场舞台上演传奇的这一品牌，制造了科学家看到“双手皮肤细嫩如少女的老婆婆”“双手皮肤细嫩如少女的婴儿”“双手皮肤细嫩的老伯伯”等传奇故事，对其品牌进行传奇性传播起到了推动作用。

第75天 出其不意

案例

隔三岔五，信箱里就会收到超市的促销广告，其中食品促销广告占最多篇幅。凭良心说，大多数超市的促销广告创意营销欠缺，实物照片上印着降价后的价格，照片不及火柴盒大，密密麻麻挤在一起，没看几张就视觉疲劳了。意大利有家超市凭借创意营销，将食品广告做得充满想象力，达到吸引人的效果。

看，红红的弯弯的尖头辣椒，多像海马；两根胡萝卜交叉，上面再搭一棵生菜，像煞一个芭蕾舞演员在跳舞；一根紫长茄子上再安个圆茄，宛如海狮顶球；红红的草莓头剪掉一个小三角，就像一尾摇尾游弋的金鱼；樱桃番茄串在一根竹签上，恰似算盘珠子滴溜溜；大小三棵西兰花往桌上一搁，颇有点大树华盖的意韵。

方法解析

上述案例表明，这样的蔬菜水果，已不仅仅是能满足口腹之欲了，而是达到了“三美”特性：美味、美色、美形，让人的视觉、嗅觉、味觉等感官都从中获得享受，从而也使得这些蔬菜水果提升了附加值——家居装饰。

第76天 与众不同

案例

少数异类型：艺术珍品，与众不同。

台湾地区的婚俗，在订婚时女方要送喜饼给亲友报喜讯。传统上都是喜气洋洋的红色。现在的喜饼都偏向西式的饼干礼盒，包装都设计得非常浪漫，但不偏离红色色系，如粉红色、桃红色、枣红色等。义美食品公司，根据市场调查结果——女性希望自己的喜饼“与众不同”，因此推出一款 ISIS 喜饼，包装大胆采用蓝色、绿色、紫色。广告中说：“除了爱情以外，什么都可以变。”市场反应很好，年轻人送给自己的朋友，会选购 ISIS 很特别色彩的礼盒，至于送给长辈的，大家还是不敢赠送蓝色系包装，一定送红色喜气的礼盒。

广告创意营销是广告诸要素中最有魅力的部分，一个广告与另一个同类广告之间最大的差异就是创意营销不同，也就是说，作为一种原则性的劳动，其最终的劳动成果应该具有独创性、独特性，或者是创意营销思想的独特，或者是表现手法的独特，或者是传播方式的独特，或者是销售主张的独特，总之，必须要提供一个个性鲜明、与众不同的主意。文学家 Roy Whittier 说得好：“在广告业里，与众不同就是伟大的开端，随声附和就是失败的起源。”只有与众不同，才能达到出奇制胜的效果。

有一则征婚广告是这样的：

某男，26 岁，1.72 米，山钟风骨、水毓灵秀。三年军旅生活，练就一身孔武，六载银行工作，依然一片冰心，主张事业和爱情互生互补，相依相长，悠悠呼唤，几多共鸣？

这则广告显示出与 20 世纪 80 年代一般征婚广告不同的文采。

伦敦一家药店在推销生发剂时，竟一反常理，雇了 10 位非常英俊的秃头汉推销，在他们光亮的秃头上贴上条子，上写“P. K. D 生发剂”，此举一下惊动了新闻记者，记者将此事在杂志、电台上作了专题报道，一时竟成了伦敦街谈巷议的新鲜事，广告得到了意想不到的轰动效应。

台湾的某洗发水的广告也采用了相似的创意营销手法，一头乌黑亮丽的长发不见了，代之的是锃亮的光头，以此说明该洗发水里有薄荷成分，洗完头真是凉爽到了极点。

方法解析

独特性最明显的一个特质就是不可重复性和不可模仿性，无论你重复和模仿的对象是一个多么伟大的创意营销，只要模仿，必然成败笔。当奥格威设计出一个戴黑眼罩的男子后，这一伟大的创意营销就具备了空前绝后的性质，你不可能再设计一个戴红眼罩或别的什么遮挡物，因为任何类似的模仿，不但是失败的，而且几乎是可笑的，这就是广告创意营销独特性要求所具有的残酷性。

第 77 天 制造悬念

案例

宝洁家族推出的采妍洗发精，就是靠这一则《采妍：谋杀篇》广告，在很短的时间里打响了名号。据调查，播出 6 周即达 72% 的知名度。

另一个是章子怡 2001 年末为 VISA 信用卡拍摄的长达两分钟的《餐馆篇》电视广告，充满了紧张的戏剧性，就像《卧虎藏龙》的翻版。广告由参与创作好莱坞科幻电影《二十一世纪杀人网络》的澳洲导演 Bruce Hunt 执导。创意营销视觉广告——视觉的冲击场景是章子怡到餐馆喝了一碗汤后皱起眉头，大声地说：这汤太咸！由此激怒主厨及侍应生，结果双方展开大战。章子怡以《卧虎藏龙》中玉娇龙的好身手，《二十一世纪杀人网络》中的飞天动作，快刀满天飞，以一敌众，大获全胜，把餐馆打了个稀巴烂。最后，章子怡豪气地拿出写着她名字的 VISA 金卡买单，包赔一切。餐馆侍者笑着连声说："OK！OK！"

图 4 – 2 是恶搞的除脚臭产品广告。半裸美女为什么仓皇出逃？原来是这位男士脱下鞋子后的味道实在要人命。在生命和情欲面前，美女们当然选择的是生命。

图4－2　恶搞的除脚臭产品系列广告

注：图片来自老男人网。

方法解析

制造悬念，引起观众的情绪紧张，可以增强其对品牌的关注，加深广告印象。悬念可以产生记忆点，富于戏剧性的悬念广告，传播力强，记忆度高。

第78天　以奇取胜

案例

诺基亚曾有一则电视广告：欧式公园的长椅上一名男子正在看报，突然移动电话响了，接电话的竟然不是那位男子，而是他左边的石雕像，雕像活了，“喂”了一声之后，雕像将电话丢给右边的雕像，说：“你妈妈找你。”然后推出“诺基亚”品牌名称以及产品。

麦当劳摇篮宝宝的广告，宝宝坐在摇篮里，一会儿哭一会儿笑，怎么回事？原来摇篮荡高，越过窗棂，能看到麦当劳的标志，他便笑起来；摇篮回落，麦当劳看不见了，他就哭了。这样一哭一笑足有20多秒，最后观众才知道原来外面有个麦当劳。国内的广告往往让人觉得情节好像是真的，细节显得做作，多是“情理之外，意料之中”的创意营销，不能给观众新奇感、惊讶感。

一则“凌志”轿车的广告，镜头正对着英俊的司机小伙子，一开始就让人感觉奇怪：小伙子开一会儿车停下，然后车子会“轰”地震动一下，小伙子再开一会儿停下，车又会震动一下……三四次后，镜头移到高处看下来，原来，车子速度太快了，竟把影子远远地甩在后面，所以车子每开一会儿要停下等影子追赶上来……整个30秒广告诉求的内容就一点：凌志轿车速度快，使人们的认识非常明确、深刻。国内的广告，一个30秒或15秒的广告往往会阐述三个以上的要点，结果在这么有限的时间里，消费者哪个也记不住。

“日航123航次波音747班机，在东京羽田机场跑道升空，飞往大阪。时间是1985年8月18日18点15分。机上载着524位机员、乘客以及他们家人的未来。45分钟后，这班飞机在群马县的偏远山区坠毁，仅有4人生还。其余520人，成为空难记录里的统计数字……在空难现场的一个沾有血迹的袋子里，智子女士发现了一张令人心酸的纸条，在别人惊慌失措、呼天抢地的机舱里，为人父、为人夫的谷口先生，写下了给妻子的最后叮咛：智子，请好好照顾我们的孩子。就像他要远行对妻子的嘱托一样。你为谷口先生难过吗？还是你为人生的无常而感叹？免除后顾之忧，坦然地面对人生，享受人生。这就是保德信117年前出现的原因。走在人生的道路上，没有恐惧，永远安心——如果你有保德信与你同行。”这则广告平实之中显崎岖，恐惧之中蕴含着脉脉温情。一般而言恐惧诉求造成的震撼力是正面诉求往往难以达到的。

香港一个经营强力胶水的商人，他请人制作一枚价值4500美元的金币，用强力胶水粘在墙上，并宣布谁能把金币揭下来，金币就归谁所有。一位自诩为“力拔千斤”的气功大师也失败了，但这种强力胶水却名声大噪。

火柴盒，盒面上印着卓别林扮演的希特勒正在玩弄地球仪的照片。盒内每根火柴都呈炸弹状，磷面刷在希特勒的屁股上，每点一次火柴就烧一次希特勒的屁股，象征着希特勒玩火必自焚。

1984 年，苹果（Apple）公司推出了第一个完全不同于 IBM 的个人计算机——Macintosh。为了宣传这一具有革命性的新一代计算机，Apple 公司委托 Chiat Day 广告公司制作了一个 60 秒的电视广告节目。在当时，60 秒的广告费花费苹果 80 万美元。这一则极具冲击力的广告只在 1984 年的 Super Bowl 上播出一次就赢得了空前的关注和广泛的议论。广告开始时是一大群剃着光头，身着囚衣，看上去已经失去了独立思维能力的人走进一个圆形大剧场。僵尸般的行进者们入了座，默默地注意着巨大的屏幕。屏幕上的“大独裁者”（暗示 IBM 公司）告诫他们：他们应该是“一个人，一个具有统一的意志、统一的决心、朝着绝对一致的方向的人”。他那刺耳的声音在剧场中回荡。突然，剧场里出现了一个漂亮的女孩，她上身穿件 T 恤衫，下身穿了一条红色的短裤，脚上穿着旅游鞋，手里提着把大铁锤，顺着通道跑过来，她的身后紧跟着一群头戴防暴头盔的国家警察。正当“大独裁者”大喊“我们必胜”时，这个女孩像掷链球似的快速旋转着铁锤，向屏幕砸去。屏幕被砸碎，立刻发出巨大的爆炸声，观众们被惊呆了。这时电视屏幕上出现了几行字幕，一个洪亮的充满磁性的声音朗读着：“1 月 24 日，Apple 公司将推出 Macintosh 个人计算机，届时你将会明白为什么 1984 将不再像‘1984’。”（这则广告以英国著名政治讽刺作家乔治·欧威尔的作品《1984》为背景制作广告。）

方法解析

上述系列案例均是以奇取胜的案例。好奇心理是人类与生俱来的。以奇取胜的广告技巧正是利用了消费者的好奇心，运用一些突破常规和出人意料的特殊手法，来刺激消费者的好奇心，引起其兴趣和注意，并留下深刻的印象，从而达到良好的宣传效果。

第79天　第一策略

案例1

百威啤酒是美国销售最多的名牌产品，为了确立“第一位，高大的百威”形象，广告构图以超现实的想象构造了系列组画（如图4-3），山体般高大的百威，给人的视觉以强烈的冲击。下游冲浪的人们显得渺小但却很自由欢快，在这一背景下冲浪确实很爽。的确，视觉冲击力能造成第一眼的印象，广告创意营销追求的最初效果。

图4-3　百威啤酒的广告

百威广告在表现上运用了扣人心弦的创意营销策略，即将百威啤酒融入美洲或美国的气氛中，如辽阔的大地、沸腾的海洋或宽广的荒漠、使观众面对奇特的视觉效果，产生一种震撼感，令人留下深刻的印象。这个策略在第一个阶段里被运用得非常有技巧。在第二个阶段里，创意营销方案则针对美国风味加以渲染，以造成强大而新鲜的感觉，勾起目标消费者的心理渴望。

方法解析

百威在第一阶段里，广告主题是：“第一的啤酒，百威”，动人的标题是“我们爱第一”。到了第二阶段，主要的主题改为“百威是全世界最大，最著名的美国啤酒”。广告标题则变成“这是最出名的百威”，标题并印在啤酒罐上，只要拿起罐子就可看到。百威广告均突出第一或最大的定位，加深了在消费者心目中的地位。

案例2

世界第一车：奔驰。

面对日本车的强大压力，奔驰竟能连年增加对日本的出口，从1990年始连续四年勇夺日本进口车销售冠军。

在一次“消费者心目中的名牌车”调查中，结果显示中国居民对奔驰车最为推崇。拥有一辆奔驰，被视为财力和地位的象征。

奔驰靠什么成为“世界名牌第一车”？

首先是其高端定位。奔驰的定位是“世界元首使用的车”。因此奔驰一向将高品质看成是取得用户信任和加强竞争能力的最重要的一环，讲究精工细作，强调“质量先于数量”，要“为做得更好、最好而斗争”。除了由计算机控制的质检系统检查外，还有一个占地8.4公顷的试验场，场里有各种不同路面的车道、障碍物等。每年要用100辆崭新的汽车，做各种破坏性试验测试，如以时速35英里去冲撞坚固的混凝土厚墙等。

奔驰甚至公开承诺：“如果发现奔驰车发生故障，中途抛锚，将获赠1万美金。”如果车辆在途中发生意外故障，开车的人只要就近向维修站打个电话，维修站就会派人来修理或把车辆拉到附近不远处的维修站去修理。无处不在的售后服务，使奔驰车主绝无半点烦恼。这充分体现出奔驰公司对品质和服务质量的追求。

其次是奔驰公司十分重视培养潜在客户对奔驰车的兴趣。它瞄准未来，心理争夺战竟从娃娃开始做起。每个来取货的顾客驱车离去时，“奔驰”都赠送一辆可作孩子玩具的小小奔驰车，使车主的下一代也能对奔驰车产生浓厚的兴趣，争取一代代都成为奔驰车的客户。这样客户对奔驰品牌的忠诚就世代地继承下来，从小喜爱奔驰车的幼童渐渐地被培养为终生喜爱奔驰车的客户。这些举措也逐步树立起奔驰车在消费者心目中的崇高地位。

方法解析

企业为自己定位的高度，决定了企业在市场中所处的高度。创意营销成为营销与消费者之间情感的纽带，使营销不再只被动地传递信息，而是让消费者主动参与，成为传播的一环。在营销 3.0 时代，企业拼的不仅是营销，更是创意营销。

第 80 天　引起争议

案例

有一天，台北市民赫然发现：在市区中某一幢大楼的顶层有一台新上市的四轮转动休旅车，车下轮胎的痕迹显示着车子是由底层开上去的。大大的标语：路，是 Escape 走出来的。这样的做法，引起市政府关心，担心如果车子掉下来可能会影响到行人安全，拆与不拆的争执，在新闻媒介上喧腾了几天。这款福特新车的上市活动，构成了一次不平凡的事件。后来，在同一位置上也有其他商品采取类似的做法，却再也没有如此的效应。由此得知：前所未见是这一类模式的成功关键。近年来，商场竞争激烈，广告作为冲锋的卒子，想要出众，成为话题焦点，构成议题行销，户外广告是很好的舞台。

2000 年 4 月底，海南养生堂有限公司在其产品农夫山泉电视广告篇中，用两种水质养殖水仙花的差异性结果来说明“长期饮用纯净水无益健康，以后将停止生产”。广告一出现就引起了各界关注并引发各方争论。一段时间内，新闻媒体对这一引起普遍兴趣的且与市民日常生活密切相关的事件给予了高度关注，几乎所有的财经媒体和综合类报纸的财经版都腾出重要版面对“养生堂”和“农夫山泉”进行追踪报道。关于事态发展与讨论的报道不断见诸各大媒介，除浙江本地媒体连篇地对此事进行详细报道以外，全国各地媒体均对此事件表现出浓厚的兴趣，《中国经营报》《北京青年报》《南方都市报》《羊城晚报》等南北媒体更是遥相呼应，从各自独特的视角对农夫山泉的这一做法进行了或深或浅的分析报道，满足了受众对此事的全方位知情的需要。尽管对于天然水与纯净水到底更应该喝什么最终并没有唯一的正确结论，但就引发这一新闻事件的养生堂而言，在通过广告内容而引发的新闻大战中，使消费者对“纯净水”和“天然水”的概念更加明确。

方法解析

> 争议性的广告与新闻在某种酵母的催化下进行了一种转换。但这类活动不管是企业主有意还是无意引发的，都应注意其合法性及企业美誉度问题，以避免产生负面效应。

第81天 新闻事件

案例

美国联合碳化钙公司的鸽子事件。美国联合碳化钙公司52层高的新总部大楼竣工后，一大群鸽子竟飞进了总部大楼的一个房间，把这个房间作为它们的栖息之处。不多久，鸽子粪、羽毛就把这个房间弄得很脏。面对这种情况，公司的公关顾问认为这是扩大公司影响的一个好机会。一般而言，举行一次记者招待会、设计一次专题性活动、散发介绍性的小册子等等，都可以把总部大楼竣工的消息传播给公众，但这些方法太常规，很难引起轰动效应。现在一大群鸽子飞进52层高的大楼内，这本身就是一件很吸引人的事。于是策划人员下令关闭所有门窗，不让一只鸽子飞走，并采取了一系列行动：他们首先通知了动物保护委员会，请其速派员前来协助处理这件有关保护动物的事。动物保护委员会接到电话后十分重视，并立即派有关人员携带网兜来捕鸽。然后，公司又通知新闻机构：为保护动物，“动物保护协会将派出工作人员前往联合碳化钙公司新落成的总部大楼捕鸽”。新闻界认为这是一条有价值的新闻，于是电台、电视台、报社等媒介纷纷派出记者进行现场采访和报道。从捕捉第一只鸽子落网，前后共花了 3 天的时间。各新闻媒介通过消息、特写、专访、评论等形式进行了连续报道，引起了社会公众浓厚的兴趣，自然也就把公众的注意力也吸引到联合碳化钙公司以及公司刚竣工的总部大楼上来了。

在相互打了几十年仗的以色列和巴勒斯坦坐下来签订和平条约之际，以色列总理拉宾在承认巴解协议书上大笔一挥，广告人洛克发现拉宾总理签名时所用的是美国产的“派乐”笔，这一发现启动了这位广告人不凡的构想。之后，在各大报刊上出现了一条引人注目的广告语：“战争与和平只差一线，而此线由派乐笔所划。”由于这一广告借助了世人瞩目的热点而引起了公众极高的注意率，美联社发了“和平之路一挥而就，广告灵感瞬时启动”的专电，对这一极富创意营销的广告活动进行了报道。广告人的敏锐被敏感的新闻记者捕捉，一条纯粹的广告引出了一条有价值的新闻。

创可贴。由上海麦肯光明广告公司创作的邦迪创可贴《朝韩峰会篇》的画面为朝韩两国首脑举杯的照片，广告词为“邦迪——没有愈合不了的伤口”，人们大都惊叹作者的创意营销。这样的创意营销是对邦迪多年以来在全球推行的“创伤可以愈合”的理念相当准确的理解。广告人都知道，一个品牌下面都会有一个产品，而每一个产品却不一定都会有品牌，广告的作用就是帮助产品建立、强化、深化它的品牌。邦迪广告的创意营销者巧妙地把 2000 年夏季，朝韩峰会这一引起全世界关注的话题引申为“再深、再久的创伤也终会愈合”的品牌理念。

西铁城手表。在澳大利亚一家发行量颇大的报纸上，某日刊出一则引人瞩目的广告，意思是说某广场空投手表，捡到者等于免费奉送。这一下子引起了澳大利亚人的广泛关注。空投那天，直升机如期而至，数千只手表从高空天女散花般地纷纷落下，早已等候多时的来自四面八方的人们沸腾了，那些捡到了从几百米高空扔下的手表的幸运者发现手表依然完好无损、走时准确时兴奋不已，一个个奔走相告。西铁城的这一伟大创举成为各新闻媒介报道的一大热点。从此，西铁城手表世人皆知，西铁城手表的质量更是令人叹服。西铁城手表的营销策划目标是为了扩大西铁城手表的知名度，于是这个策划的一切活动都是为了实现这一目标。手表的宣传本可利用电视广告等手段来达到这一目标，但是一般的电视广告不具备创造性，也不会引起如此巨大的轰动，而西铁城手表的策划者在促销活动中融入了自己的创意营销，运用飞机来表现自己商品的质量，这是一种前无古人的策划，这种策划就当时的条件来说是可以实现的。

方法解析

上述案例都是新闻事件的代表作。比如美国联合碳化钙公司，正是巧借飞来的“鸽子”制造新闻，吸引媒介纷纷前来采访、报道这一事件，使广大公众通过媒介报道，先对鸽子感兴趣，继而对公司大楼和公司本身产生深刻而良好的印象。其他的案例也是采取同样的手法，使传播效果达到了预期目标。

第82天 化丑为美

案例

迪赛尔仔装借助游戏的手法，推出拙劣与丑陋担当主角的个案，将人们约定俗成的惯例玩弄于股掌。当消费者领会了迪赛尔有意想玩点恶作剧的意图时，丑陋拙劣也就变成了一种极富幽默色彩的时尚。由于一切都是故意的，消费者心有灵犀，对广告的幽默情趣也报以热烈的反应。在这里，广告的语言一概要从反面去理解，即你不酷，你就酷。

方法解析

> 广告必须与众不同，必须有自己的个性和风格。广告最重要的东西是要有原创性和新奇性。化丑为美的手法不同寻常，可以有效地吸引人的注意力。

第83天 经典标志

案例

在全世界，只要在户外看到高耸的金黄色M标志，就知道那儿是麦当劳。这是麦当劳不断强化自己的M标志的成果，一而再，再而三，M已成为一种图腾。过去麦当劳有婴儿看到窗外M标志就露出微笑的经典之作。新近有一支广告片，是幼儿园的小朋友在学习1、2、3、4数字时，觉得3被倒置了，应当是M才对。此时麦当劳的音乐（声音也是一种图腾）由单音变成和声。人人看到了小朋友的天真无邪的反应，都会会心一笑，不知不觉中再一次膜拜了图腾。

方法解析

> 不断强化品牌的图腾，持之以恒，自然会累积成一片品牌的领土，谁也不敢跨越进来。如万宝路香烟，一直以美国牛仔在大自然奔驰的画面为图腾，在大众心中的印象太深刻了，以致任何商品都轻易不会以牛仔作为象征的符码。

第84天 莫测高深

案例

在台湾地区，意识形态广告做的广告，让很多人看不懂，常常会成为话题。中兴百货公司的海报，张张都是精致的艺术品。同时也塑造了中兴百货公司的自有风格。还有一系列的广告，文案写着：善男子、善女子，欲海无边如恒河沙数，唯中兴百货周年庆折扣是岸。画面上今古合一，显示了红尘欲海的幻觉，又是一张莫测高深的广告精品。

方法解析

> 此类广告常常用语遣词哲学意味特浓，而在视觉的美学上，往往有一种神秘感，让人感到莫测高深，自成风格。

第85天 强调顶尖

案例

25年的“皇家礼炮”称得上是威士忌酒中的精英，为了增强自身的地位，拍了一支真人西洋棋的超级大片。两位年轻的商界大亨，在海边对弈西洋棋，所有的棋子都是真人、真刀、真马。经过一番斗智，输的一方送上一瓶“皇家礼炮”威士忌给赢家。广告说：为极致成就喝彩。言下之意，此酒是献给人上人中的人上人。喝此酒的人士，是精英中的戴桂冠者。

一长列的日产Cefiro轿车行驶于林荫大道上，车中的人士被推崇为他们可以影响企业全球布局，他们可以是未来的经济学家，他们可以改变居住环境，他们可以……

方法解析

无论是酒还是车，一则广告片宣扬其使用者为顶尖大亨型、社会领袖、闪亮明星，这是为主人及产品定位，是属于顶尖企业大亨的产品。此一类型广告，添加的是社会型附加价值，给潜在的车主看，也给目前的车主看。很多高价商品的广告，借由使用者的地位来抬高自己的地位。

第86天 一劳永逸

案例

一老一小两个和尚分别住在相邻两座山上的庙里，两座山之间有一条河，他们每天都会在同一时刻下山去河边挑水，久而久之便成了好朋友。好多年过去了，有一天老和尚没来挑水，第二天，他还是没来，这样一年过去了，小和尚心里纳闷：他到底发生什么事了？我得过去看看。

当看到老和尚之后，却大吃一惊。因为他正在庙里诵经，根本不像没喝水的样子。小和尚好奇地问："你已经一年不挑水了，难道你有特异功能吗?"听到这，老和尚带他走到庙的后院，指着一口井说："一年来，我每天念完经后都会抽空儿挖这口井，即使再忙，我也没放弃过。现在，终于挖出了水，我就不必再下山挑水啦，可以有更多的时间诵经了。"

方法解析

> 挖一口属于自己的井，培养自己的实力，白天求生存，晚上求发展，昨天的努力就是今天的收获。耐克和阿迪达斯就是这样一对暗中较劲的“和尚”，他们同样是体育品牌巨头，同样在各自领域精耕细作，但如今两者在同一领域的收获却各不相同。

第87天 渠道创新

案例

无酒精啤酒当饮料来卖。以制造日本清酒“纯”闻名全日本的宝酒造工厂，在1984年2月推出无酒精啤酒“Barbi Can ”，在5个月内卖出100万箱（每箱24罐，计2400万罐），成为1984年全日本最畅销的产品，令许多市场专家瞠目结舌。

所谓无酒精啤酒，就是把啤酒中的酒精成分去除，使啤酒中4.5%的酒精含量，降低到几乎等于零的0.02%。由于酒精含量锐减，因此热量的含量也跟着减低一半。不过它喝起来的感觉，跟一般的啤酒一模一样。

此种“无酒精、低热量”的啤酒，并非宝酒造开发出来的新产品。多年前，日本啤酒之王“麒麟啤酒”就曾推出类似的产品，没想到在广大的的销售网与强大广告活动配合下并未成功 。

既然是类似的商品，为什么麒麟失败，而宝酒造却成功了呢?

由于现代人越来越关心自己的健康，按理说，此种“无酒精、低热量”的啤酒应大受欢迎才对，可是在Barbi Can推出之前，乏人问津，全日本每年的销售量不超过10万箱。

针对此不合理的现象，宝酒造下令该公司的“社会观察情报部门”深入研究。该部门由10名价值与生活模式不同的职员所组成，他们留意社会的趋势，并收集饮酒的情报与消费文化信息。宝酒造根据他们的成果，开发新产品并拟定促销策略。

结果他们发现，无酒精啤酒之所以失败，就在它存在于啤酒的阴影下。不管如何强调无酒精啤酒的特性，它永远局限在“啤酒的附属产品”或是“啤酒的代替品”，因此，只有在无啤酒可喝时，才会想到它，这就是无酒精啤酒滞销的关键所在。

有鉴于此，宝酒造为了彻底改变 Barbi Can 的产品形象，拟定了“酒当饮料来卖”的行销策略。

——无论包装、容量、价格，均比照一般的清凉饮料。

——打出“来自啤酒的成人新饮料”的宣传口号，以便与啤酒划清界限。

——基于“酒当饮料来卖”的策略，销售渠道的主力摆在食品，而酒类的渠道仅属点缀性。

事后的业绩证实，通过食品渠道来销售，是 Barbi Can 畅销的主因。其中，大部分的产品都是由综合零售商店与超级市场卖出，而酒类零售店的销售情形很差。由此可见，“酒当饮料来卖”是一项极为成功的创意营销。

日本滞销的无酒精啤酒，以“酒当作饮料卖”的创意营销，创造了销售的奇迹。而碧芝减肥糖以“食品当药品来卖”也在中国台湾造成抢购！

1974 年初，中国台湾的减肥风气刚刚开始，当时只有一些减肥药在市场销售。毕克路公司看好中国台湾的减肥市场，在当年 9 月，从美国进口碧芝减肥糖，开始仅刊登少量广告，并采用邮购的方式，销售情形不佳。

碧芝减肥糖虽然有减肥效果，但实际上是一种以节食（饥饿时吃碧芝糖能消除饥饿的感觉）来帮助减肥的食品。因此，它在美国是作为食品来销售，所以不但售价低廉（每盒约一百元台币，相近于巧克力糖），而且走食品的销售渠道，只有在超级市场与食品店才买得到。

1974 年底，毕克路公司聘请行销专家为整个行销活动的策划人。他们在深入研究碧芝减肥糖之后，在广告方面决定以“食品”姿态出现，强调它的安全性；而在渠道方面，决定弃“食品”而选“药品”，也就是“把食品当药品来卖”。

为何食品要当药品来卖呢？当时每盒碧芝减肥糖的进口成本约 200 元（含进口税），而每盒的零售价 480 元。每盒 480 元的商品，若以“糖果”来出售，根本卖不出去。而且，通过药房，可突出商品“减肥”的特性。因此，决定放弃食品的渠道，选择药房的销售渠道。

至于广告方面，以“请大家注意！减肥千万不能乱服药。美国碧芝减肥糖，不是药物，没有副作用，是最安全的减肥食品”39 个字，制成 10 秒的插播卡。简要的内容，一方面攻击减肥药的副作用，另一方面强调减肥糖的安全性。

1975 年 3 月 3 日，10 秒的广告在电视台进行黄金时间段密集插播。

原本毕克路公司预估一个月可销 100 打，在广告后，半年 600 打的存量，在一个月内抢购一空，轰动整个药品界。

方法解析

上述案例中的无酒精啤酒当饮料来卖，碧芝减肥糖当药来卖，都是渠道创新的案例。渠道创新要注意对新渠道下的产品特点宣传，如把减肥糖当药来卖，一定要在广告中声明这不是药，没有副作用和安全可靠，使广大消费者认识到这是一种可以大量消费的食品，而在销售时，又是以药品的形式出现。只有把这些特性让消费者了解清楚了，才能达到预期目标。

第六单元
从塑造角色入手做创意营销

第88天 普通人物

案例

跟一般选秀节目“偶像型选秀”不同的是，《中国达人秀》节目的宗旨是“实现身怀绝技的普通人的梦想”。将焦点从偶像达人转移到普通人身上，不对选手的外形做任何要求，不对选手才艺展示内容做任何限制。

金磊是该节目的总导演，参加这项节目运作的一共有170人左右，分成选手组、故事组、编导组和宣传组。金磊推翻了Syco公司为达人秀系列设置的情节叙述方式，这意味所有影像剪辑的方法要被改变，整体的叙事重点也大不一样。金磊说：“英国人的剪辑方式其实像美剧，非常成熟，节奏很快，但他们不会符合中国人的期待。中国人要看的是情感。”节节升高的收视率证明，这个选择是对的。

做电视节目已经不仅仅是单纯的内容制作，与收视率息息相关的是营销价值。《中国达人秀》制作成本在1000万元左右，广告收入达2300万元以上。2010年3月节目筹备时，即获得了宝洁集团的赞助合作。而达人秀播出数期后，广告价格连续上涨，达到了原时段广告价格的五倍。不过，这也使得全国观众戏称之为“在广告中插节目”。

方法解析

与上述案例相类似的还有新浪微博的迅速崛起。以传统网络广告为核心盈利模式的新浪，之前总免不了被人拿来与日渐萎缩的雅虎相比，而微博的出现使新浪一跃成为Web2.0舞台上的明星。从2009年7月开始，新浪桌面事业部、无线部门和运营部全部被调动起来，开始投入新浪微博的搭建工作，具体分工是：桌面部负责协调研发，无线部负责手机端，运营部负责产品运营。整个新浪可谓精锐尽出。推广方面也几乎倾尽全力，首先确定了从明星开始的方案，每个记者和编辑都被分配到“拉人”任务，出示专门的考核指标，对于注册的名人都派出专人维护，甚至专门多次策划对微博平台本身的营销。在微博公测后的第66天，新浪微博注册人数已超百万。据官方数据，到2010年10月底，新浪微博的用户数量达到了5000万，平均每天产生超过2500万条微博内容。“微博营销”也随之出现。不仅如此，“微博直播”几乎也成为各类活动的标配。这些案例都是让普通人变成了主角，从而带来不一样的结果。

第89天 警察系列

案例

图5-1 相机广告

方法解析

这是 Pentax 相机广告，以警察为主角，面对这么好的相机，怎么能不照张相呢？注意后面的背景，土匪们正在打劫呢。其含义是说，为了用这个相机照相，顾不着打劫的了。

第90天 天真童年

案例

天真者——壳牌。

目标客户群角色欲望：热爱大自然，重视环保，认为自己是带着一颗美好本性心灵的天真者。

产品特性：煤是源自于自然的燃料，壳牌是一家重视环保的公司。

符号：重视环境，热爱自然是人的天性。

故事类型：天真的故事，只有天真未被污染的心，才对这片土地爱得深沉。

故事出新：以天真少年在绿色大地的表现，强化了受众对绿色的快感体验，属于类型出新。

故事修辞手法：直抒胸臆。

画面表现：展示高潮，少年对煤展现出最纯真的神情，天真无邪。

方法解析

壳牌在很多国家都拥有煤矿，特别是第三世界国家，以前爆发过民众因为煤矿的污染抗议事件，所以壳牌懂得要搞好民众关系，包括做一些回避其污染事实的广告，化身成为一个在这个物质世界还重视环保的“天真者”，缓解民众矛盾。

第91天 体育明星

案例

Johnnie Walker 自从改以 Keep Walking 的广告主张后，在中国台湾的形象为之改观，销路直上。广告内容是意大利国家足球队主将巴吉欧自身的故事，他在1994年世界杯中因失误而错失了世界杯。4年后，他再度面对挑战，他自问我不知道有多少人会相信我，但是因为我相信自己持续向前(Keep Walking)，这次一球定江山，万民欢腾。

方法解析

> Johnnie Walker 威士忌以巴吉欧为例，送给消费者一帖通往成功的力量。当消费者举杯时，等于加入了社会上一群具有积极向前意志人士的俱乐部。

第92天 名门之后

案例

橄榄油虽有等级之分，但是同一等级中不同品牌，品质很难区分。台湾地区有一个品牌，搬出产地意大利作为靠山，在广告影片中，从意大利的精品艺术谈到制造橄榄油的艺术，所有使用的画面符码，都是意大利的古典建筑、艺术品，金碧辉煌的教堂，配上古典的歌剧音乐，让一瓶橄榄油如同艺术品一般登峰造极，让同类商品都成了凡夫俗子。

方法解析

商品有了价值不凡的靠山，价格当然也可以提高了。在酒类商品中，使用这种与产地背景、历史渊源拉上关系的广告模式比比皆是。

第 93 天　名人代言

案例

明星代言雪佛兰：追击米勒、决战澳门。

“智战赛道、追击米勒、决战澳门”，上海通用汽车雪佛兰在澳门启动“雪佛兰科鲁兹——澳门追缉令”活动，在历经两个月的初赛选拔及三天的特训淘汰，令人期待的完结篇在澳门上演，《越狱》主角米勒亲临澳门WTCC赛场。这次活动吸引了世界各地以及国内数万名赛车爱好者前往观赛，为雪佛兰科鲁兹带来了社会影响和经济收益的“双丰收”。

在营销策略中启用名人是常事，而雪佛兰与米勒的合作存在以下与众不同的创意营销之处。

1. 事件营销“四两拨千斤”

事件营销被看作是“四两拨千斤”的品牌营销利器，因为其集新闻效应、广告效应、公共关系、形象传播、客户关系于一体，在新产品推介、品牌展示、创造机会、建立品牌识别和品牌定位方面有独特的优势，是一种快速提升品牌知名度与美誉度的高效率的营销手段。

澳门塔的高塔蹦极、寻找神秘替身、米勒在澳门的藏身地点线路图的越狱情节模仿等精彩的活动设计和米勒的现身将活动推向高潮，极大地提升了雪佛兰科鲁兹的名气和公司形象。

2. 明星形象与品牌形象的高度契合

美剧《越狱》在中国大热，男主角 Michael Scofield 的扮演者温特沃斯·米勒（Wentworth Miller）凭借在《越狱》中发挥到极致的机智、冷静、勇敢、正直、重情重义的个人魅力，成为粉丝们追逐的“万人迷”。

雪佛兰通用选择米勒担当代言人，是出于米勒超高的人气及其散发出来的特质和科鲁兹这个产品形象之间存在很大的契合度。此次活动的社会影响和经济效益的“双丰收”也证实了这种契合度的重要性。

图5-2　超强对焦，竟然发现山中的拉登爷爷

注：图片来自前tu.6.cn网。

图5-3　吉利发现了萨达姆的“剩余价值”：刮胡刀形象大使

方法解析

用名人代言可以使消费者因为对名人感兴趣从而对产品感兴趣，但也要注意，很多消费者只记住了名人，但却无法记住产品名称。

第94天 引用名言

案例

TOYOTA汽车的CAMRY新款车型上市时，打出了“追随者永远只能看到领先者的背影”这句广告语，这也算是一句至理名言。暗示了此款车的领先地位，还有这款车尾的设计卓越不凡。早年，台湾某一个钢琴的品牌，提出学琴的孩子不会变坏，许多家长都是为了这句话而在家中为下一代添购了钢琴。

方法解析

> 广告喜欢引用名人名言、座右铭，一面卖商品，一面还给受众提供一些启发，或把人们心目中的伟人风范，移花接木到自己的品牌，据为己有。借用人们耳熟能详的历史典故或是名著中的英雄人物作为广告元素，以其英雄地位及价值的继承者自居。

第95天 小丑闹剧

案例

有一款新品牌的日本汽车在美国上市，请来美国的一位脱口秀大师推荐，大师所言，尽是胡言乱语，对这辆车子极尽嘲讽，说得一文不值。人人皆知绝非事实，全是谎言。由于采取如此另类方式推销新车，人们记忆深刻，也无损品牌价值，反而异军突起，以最快速的方式深入了人们的脑海，成为经典之作。

方法解析

广告中常会安排一位丑角，最好是大家所熟悉的谐星。广告人常常喜欢拿胖妞、秃子开玩笑，如果分寸没有掌握好，往往会得罪人。当然，此类型广告会有一定的风险。广告主必须经得起开玩笑，受众也要有懂得欣赏玩笑的慧根。

第96天 借自然来代言

案例

某一个鲜奶的品牌，借用了大地原野、洁净空气、山泉活水，把品牌给粉饰起来，让消费者觉得：鲜奶的品质之中，收纳了天地精华，产生了极好的效果。在日本有一支威士忌酒广告：大自然的麦浪、水、火，大自然与生命、友谊结合在一起，让平凡的商品在人们的眼中变得伟大。相信许多广告人都看过一支英国航空公司的广告，在世界各地的原野、沙漠上，不同种族的人群拼成的眼睛、嘴巴、耳朵、鼻子，最后组合构成了微笑的面孔，象征着世界的融合，几乎所有的画面都是空中摄影，把大自然和人都结合在了一起。

方法解析

这类案例都是借力大自然，大自然的力量在人们的心中永远是伟大的，借力大自然，广告效应所呈现出的效果自然也会震撼。

第97天　让客户为主角

案例

一家酒店的广告是一幅幅卡通画，做成头枕盖在飞机座椅上。奇怪的是，这些卡通画中人物都缺了上半个脑袋。这下好了，乘客只要头靠在头枕上，就成了画中人。要么是在打高尔夫，要么是在洗澡，要么是在蒸桑拿，反正都是在介绍酒店的优良设施和服务。想不成为画中人都不行，除非你在飞机上能够几个小时甚至十几个小时远离靠背“坐如钟”。

自然，坐在后面的乘客，面对前面这一幅幅卡通画，想不欣赏也不行。这幅画，连续几个小时甚至十几个小时跳入你的眼帘，如果你到一个地方人生地不熟，找旅馆，脑袋里最先跳出的，是不是这家卡通画酒店的名字“NHHotels”？

这些头枕卡通画广告现在已经出现在火车座椅的靠背上了。

方法解析

> 这种创意所要达到的效果是，在你常乘飞机出差或旅游时，即使你再不愿意，也不得不为其做广告。

第98天　用动物讲故事

案例

一只大象在海底畅游。海面上有一只静静的小船，船上的姑娘正沉浸在小说的情节中。大象慢慢地靠近了小船，并用长鼻子偷走了船上的可乐，不过，它也给姑娘留下了一些花生作为补偿，然后便悄然离去。产品虽然仍旧占据着广告脚本的中心位置，但它只不过是作为构筑一段奇妙的小故事的材料而已。

方法解析

当广告剧本具有出色的构思，具有诱惑力，产品自然也就坐享其成。动物讲故事，把动物拟人化处理，往往很容易打动人心，取得很好的营销效果。

第 99 天 以标准来说话

案例

康师傅方便面在台湾上市，与市场上领导品牌的价格相同，在品质上却比领导品牌有较大的提高，在广告上很直接地告诉消费者康师傅为方便面树立起了新标杆，不但立即成为同类商品中的领导品牌，其后也带动了其他品牌的进步，为台湾的方便面品质树立了新标准，并且得到很好的口碑。

方法解析

在行销上，能够改变游戏规则的品牌，往往都是最大赢家。改变规则的常用方法就是制定新标杆或新的行业标准，显然，能这样做的往往是行业的第一名或市场占有率最高的企业，其所做的标杆或标准能被其他企业所接受。如果不是行业第一名，则很容易受到市场老大的反攻。

第七单元
从表现技巧入手做创意营销

第 100 天 告知式

案例

“专业卤鸡蛋”是沿街推车小贩用电池喇叭播放的叫卖声，一两年前曾流传于长江流域中下游地区甚至更广的区域。其具体广告词如下：“重庆老字号，专业卤鸡蛋，一块钱三个，味道好得很。”一段时间内，其播出率极高，而且，从最初的四川口音版到后来的各地口音改良版，先后出现的版本有三四个之多。而广告词也在改版过程中有微调，如改成“川味卤鸡蛋”等。

方法解析

仅从好听、好看、能够巧妙地引起收听者注意的角度来说，它合乎一支高传播率的轰动广告的所有要求；从播出范围讲，其覆盖率空前。其特点包括：其一：简短，制作成本投入不高。其二：打出了品牌——重庆老字号。其三：确定了行业标准，也就是唯有重庆老字号才是专业的。其四：提出了价格优势——一块钱三个，比在此前市场上推出的一般卤鸡蛋的价格 0.5 元一个要少许多。其五：

有极富有魅力风格的表现形式，它用人们听得懂，但却绝非普通话的川方言来表达，有相当的细节吸引力。正是由于它包含了一个高传播率广告所必需的诸多冲击要素，所以，在一定时期内引起了轰动和一定的消费热潮。本广告仅从传播效应来看，是好的创意营销之作。在其最初的投放期间，也的确为播出者带来了相当好的短期效益。所以，在卤鸡蛋行业中，确立了当仁不让的“第一品牌”的地位。但是，卤鸡蛋广告过分地运用了价格竞争，采用几乎零利润的倾销价格，显然是不可持续的。

第101天 权威型

案例

许多药品、奶粉等均采用医学专家推荐的广告，这类广告是采用权威型的广告。

方法解析

肯定的语气，坚定的态度，似乎是广告中必要的元素。如果说话的人自己都没信心，如何能劝服他人。胃肠药的广告，经常以会穿着白衣（让人误以为是医生）的人物，在类似医学会议的场所，以专家断言的口吻、命令式的语气、显微镜的透视，说明产品的优异、特殊之处，就是这一类型广告的代表。

第102天 口碑型

案例

美国宝洁公司的飘柔洗发水，其制作的一系列广告，都是在街头、校园中找人现场洗发，围观路人或女学生，再比较洗前洗后的差异，头发变得亮丽飘柔了，赢得大家的赞美，感觉上既真实又具说服力。可是我的另外一位客户则对这一种表现方式很反感，觉得有损品牌形象。

方法解析

现实生活中，朋友们对某一个商品有过接触的经验，如果他们都说好，就是“口碑”，效果比广告要强烈的多。在街头访问有使用经验的消费者，将这些生动的消费者口碑，剪辑集锦成广告片，也是很有效果的广告。

第103天 朴实型

案例

有一支在比利时有线电视台播出的蜡烛广告，画面中只有一支点燃的蜡烛，由始至终足足持续燃烧了7小时22分钟，证明它的无烟。持久的商品力，一切公开可信，答案由受众自己来揭晓。

方法解析

表面上看来十分无趣，也无创意营销，但是其创意营销精彩之处，即它的朴实无华，所形成的话题，效应可观。应当是朴实无华型的终极典范了。

第104天 打1折

案例

日本东京有个银座绅士西装店。这里就是首创“打1折”销售的商店，曾经轰动了东京。当时销售的商品是“日本GOOD”。

具体的操作是这样的：先定出打折销售的时间，第一天打9折，第二天打8折，第三天、第四天打7折，第五天、第六天打6折，第七天、第八天打5折，第九天、第十天打4折，第十一天、第十二天打3折，第十三天、第十四天打2折，最后两天打1折。

商家的预测是：由于是让人吃惊的销售策略，所以，前期的舆论宣传效果会很好。抱着猎奇的心态，顾客们将蜂拥而至。当然，顾客可以在打折销售期间随意选定购物的日子，如果你想要以最便宜的价钱购得，那么你在最后的那两天去买就行了，但是，你想买的东西不一定会留到最后那两天。

实际情况是：第一天前来的客人并不多，如果前来也只是看看，一会儿就走了。从第三天就开始一群一群的光临，第五天打6折时客人就像洪水般涌来开始抢购，以后就连日客人爆满，当然等不到打1折，商品就全部卖完了。

那么，商家究竟赔本了没有？你想，顾客纷纷急于购买自己喜爱的商品，就会引起抢购的连锁反应。商家运用独特的创意营销，把自己的商品在打5、6折时就已经全部推销出去。“打1折”的只是一种心理战术而已，商家怎能亏本呢?

方法解析

商家打折大拍卖是常有的事，人们决不会大惊小怪。但上述案例能从中想出“打1折”的营销策略，实在是高明的枯木抽新芽的创意营销。

第105天 只一件货

案例

意大利有个莱尔市场，就是专售新产品的。有些新产品很畅销，许多顾客抢着购买，没抢到手的，要求市场再次进货，可得到的回答竟是：很抱歉，本市场只售首批，卖完为止，不再进货。对此，有些顾客很不理解，还向旁人诉说。但从此以后，来这里的顾客中意就买，决不犹豫。

方法解析

不难看出，莱尔市场的“割爱”是个绝妙的创意营销，它能给顾客留下强烈的印象——这里出售的商品都是最新的；要买最新的商品，就得光顾莱尔市场。这是“只一件货”的创意营销。

第106天 一亏多赚

案例

日本松户市原市长松本清，曾经是一个头脑灵活的生意人。他经营“创意营销药局”的时候，曾将当时售价200元的膏药，以80元卖出。由于80元的价格实在太便宜了，所以“创意营销药局”连日生意兴隆，门庭若市。由于他不惜血本地销售膏药，所以虽然这种膏药的销售量越来越大，但赤字却免不了越来越高。

那么，他这样做的秘密在哪里呢？

原来，前来购买膏药的人，几乎都会顺便买些其他药品，这当然是有利可图的。靠着其他药品的利润，不但弥补了膏药的亏损，同时也使整个药局的经营出现了前所未有的盈余。

方法解析

这种“明亏暗赚”的创意营销，以降低一种商品的价格，而促销其他商品，不仅吸引了顾客，而且大大提高了知名度，有名有利，真是一举两得的创意营销。

第107天 系列故事

案例

蓝带——“中国销量第一的外国品牌”的系列广告：

“侠客篇”——豪情四溢，痛快淋漓，将我们带入中国酒文化“侠行天下”的意境之中，折射出蓝带的品牌策略；

“特色篇”——色彩鲜明，虚实辉映，以理性诉求方式展示产品的独一无二之处，表现出蓝带的产品特色；

“雷公篇”——创意营销新奇，意境独特，富有盎然的趣味性和浓厚的戏剧性，折射出蓝带的诱人魅力。

蓝带的平面广告“侠客篇”充分体现了这一品牌传播策略：该广告中文字与画面浑然一体，淡黄的古书底色上有行云流水般的草书文字，舒缓流畅的白描勾勒出持剑饮酒的侠客形象。文字诠释了画中人的心情，画中人的形象渲染了文字的意境。

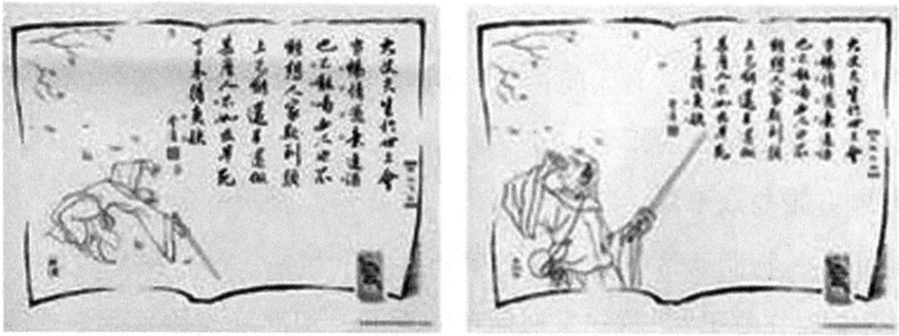

图 6－1　蓝带的侠客篇

广告文案：大丈夫生于世上会当畅情适意，连酒也不能喝，女人也不能想，人家欺到头上不能还手，还做什么人？不如及早死了来得爽快！——金庸

文学与图画，大抵为广告的“孪生姐妹”，你中有我，我中有你，相互帮衬对映，使该广告图文并茂，意趣盎然。“侠客篇”散发着古朴儒雅的文化气息，令人悠悠然沉浸于文明古国上下五千年灿烂的酒文化之中。这不禁让我们想起了“何以解忧？唯有杜康”的曹操；“人生得意须尽欢，莫使金樽空对月”的李白；“明月几时有，把酒问青天”的苏轼……美酒促成了“江山代有才人出”的古国文化的鼎盛。

如果说“侠客篇”力求以感性诉求赢得消费者的心理认同，那么“特色篇”则试图以理性诉求方式展示蓝带与众不同的产品特点，激发受众的消费需求。

此系列的三幅广告构图简洁明快，让人一目了然。它以“特”为中心

介绍产品性能：特制的瓶盖，特型的瓶身，特质的酒液，让产品自己“开口”说话，形成产品独特的优势，让消费者对其有更深刻的了解与认知。

三幅广告在设计上各具匠心。第一幅强化瓶身的线条，黑色背景下映衬黄色曲线，犹如在黑暗中感觉渴望的蓝带，具有强烈的梦幻色彩；第二幅以醒目的设问句吸引公众注意力，自问自答，优势卓尔不群；第三幅以暖亮的金黄色充溢整个背景，仿佛蓝带啤酒在整个空间流动、荡漾。

值得一提的是，第二幅广告着力突出蓝带使用简便、独一无二的产品特点。

标题：开瓶器在哪里？

正文：喝啤酒，常有人问：“开瓶器在哪里？”没有开瓶器的烦恼，有时连牙齿、桌沿都解决不了！

特制蓝带与众不同，瓶盖特制，一拧就开，酒质出众……

提示语：特制蓝带啤酒，一拧就开

“开瓶器在哪里？”这句看似简单的设问，却准确表达了蓝带啤酒与其他啤酒的不同之处。只有细心观察生活，了解消费者到底需要什么的策划人，才能寻找出这细致入微的“卖点”。如今，“无须开瓶器的啤酒”已成为蓝带啤酒广告中不可或缺的诉求重点，这也正是蓝带啤酒的USP。如果广告上缺少这一诉求，广告主定会将其指责为不可原谅的失策。反之，若能在设计中突出这一特点，商品更容易让消费者识别。一旦体会到它的方便之处，消费者自会主动选择蓝带。

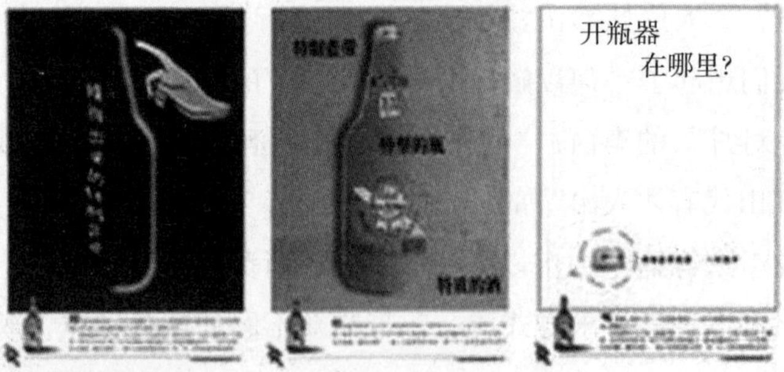

图6-2　蓝带的特色篇广告

与“侠客篇”“特色篇”与不同，“雷公篇”是一则影视广告，这一则广告做得有声有色，其创意营销独特具有童话色彩，让受众耳目一新（见图6－3）。

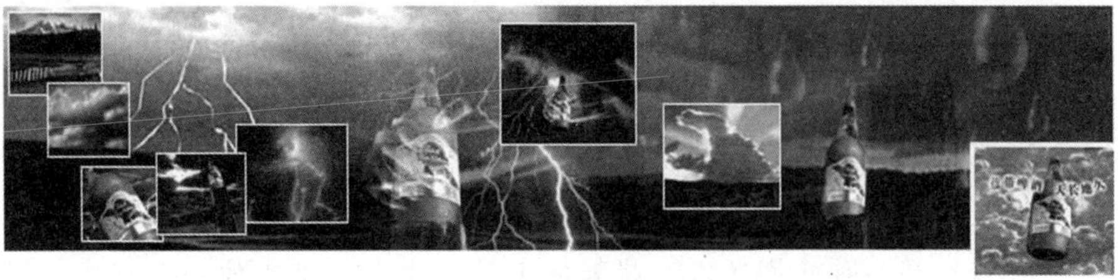

图6－3　蓝带的雷公篇广告

蓝天、白云、牧场、马群。

栅栏上有一瓶蓝带啤酒，其外形优美，其色泽鲜亮，其味道……

突然间，阴云密布、狂风大作、雷鸣闪电、大雨倾盆……原来是天外的雷公一眼瞥见了引人注目的蓝带，不由怦然心动。于是便不辞辛苦跋涉而至，腾云驾雾直逼蓝带。只见那隐约可见的无形之手，抓起蓝带，一饮而尽。不多时，那雷公神清气爽，满天阴霾也随之一扫而光。顷刻间，霁云满天、阳光灿烂……

广告语：“蓝带啤酒，天长地久”。

这正是：古有吴三桂“冲冠一怒为红颜”，今有雷公“千里狂奔饮蓝带”。

雷公尚且如此，何况凡人？广告运用童话般的拟人手法，富有神秘感和戏剧色彩，令观众在“惘然困惑—恍然大悟—哑然失笑”的欣赏过程中对品牌产生深刻印象。尤其是片尾关于商标的特写镜头，将悬念的主角突现观众眼前，产生瞬间的冲击力。“雷公篇”中虽没有关于产品的文字介绍，却极富震撼力、冲击力和吸引力，借此让品牌的形象深入到消费者的内心深处。

方法解析

系列广告的好处是增加了生动性，不断给消费者带来新鲜感。但也应注意对广告效果的评测，注意成本控制。有的系列广告有相关性，但有的广告却反其道而行之。如李维仔装广告的戏剧性十足，但却显得十分零散，广告与广告之间似乎毫无关联，这与一般品牌所追求的统一、延续的风格不同。不过，李维奉行的逻辑正是一种戏剧逻辑，其零散正是它为自己编织的一条红线，而品牌的价值也正是围绕这根红线散发出异彩的：诱惑、自由、青春、反叛、真实、独创。每一支广告片虽然形式不同，却都在标榜品牌的价值。

第108天 直接展示

案例

这是一种最常见的运用得十分广泛的表现手法。它将所广告的产品或劳务直接如实地展示在广告版面上，充分运用摄影或绘画等技巧的写实表现能力，细致刻画和着力渲染产品的质感、形态和功能用途，将产品精美的质地引人入胜地呈现出来，给人以逼真的现实感，使消费者对所宣传的产品产生一种亲切感和信任感。

图6-4 直接展示型广告

方法解析

这种手法由于直接将产品推向消费者面前，所以要十分注意画面上产品的组合和展示的角度，应着力突出产品的品牌和产品本身最容易打动人心的部分，运用色光和背景进行烘托，使产品置身于一个具有感染力的空间，这样才能增强广告画面的视觉冲击力。

第109天 快乐游戏

案例

BenQ是高科技产品的品牌，与一般高科技产品的广告表现方式不同。只见在纽约街头，某人被紧急送医，此人异常兴奋，四周的医生护士无不严阵以待，医生以听诊器查看他的心脏时，发现他的血液中全是各式高科技的BenQ产品，宣布他被BenQ了，立即感染到四周的医护人员，大家也手舞足蹈起来。

方法解析

BenQ企图让自己成为享受高科技的代名词，把玩心注入到了广告中。

第110天 巧用典故

案例

有一个喉糖的品牌，借用孟姜女哭倒长城的故事情节，只见孟姜女哭到嗓子哑了，吃一粒喉糖，嗓音恢复，中气十足，长城又被哭倒一段，让工人烦不胜烦，拜托孟姜女：不要再哭了。这则广告，每播一次，就会让受众感到好笑一次。

声宝牌家电推出一个火速修理服务，借用港片中黑道大哥率众要修理人时的典型画面（人人戴墨镜、以慢动作拍摄、行走有风），此时代表声宝服务标志的人偶出现，问黑道大哥：要修理，为什么不能快一点，一定要这么慢吗？搞得黑道人物啼笑皆非，受众也觉得好笑。

方法解析

借用大家熟悉的电视、电影剧情，经过改写，往往有意想不到的效果，广告也就成功了。

第111天 眼见为实

案例

丰田汽车（TOYOTA）有一款新车上市，因为深度是隐藏的，所以用电锯将车体解剖，将车椅解剖，让你看到平时看不到的地方，为安全、舒适提供证据。

方法解析

如果商品拥有很明显的差异，自己就可以证明自己的实力，则可以不用再多说明什么，证据已说明一切。比如，强化玻璃锅子的广告，可以让观众亲眼看见一只铝锅，在这个玻璃锅中经高温而溶化的过程，以证明玻璃锅比铝锅更耐高温，极有说服力。再比如，防火砖的广告，商品的经营者自己坐在防火砖墙的一侧娓娓将防火砖的好处道来，而另一侧则烧着熊熊烈火。这些都是用证据说话的案例。

第 112 天 自我陶醉

案例

镇金店（Justgold）贩卖流行设计的金饰，出人意料。这支广告片中，只见甜美的女孩，在家中穿上美丽的衣服，挂上金饰，揽镜自照，为了什么？其实只是要出门等垃圾车来，倒垃圾而已。

方法解析

美丽不需要理由，只要自己开心就好。广告像一面镜子，让每一位平凡的女性从镜子中看到了美化后的自己，心理上很舒坦。许多汽车广告，表现车子外形受人注目、受人羡慕的状态。这样的广告不只是做给潜在的购车者看，也是做给车主看的，会让车主更加陶醉于自己的选择。

第 113 天 时空对比

案例

两位女明星出席记者会，拍照时笑容绽开，一离开闪光灯，两人的表情立刻漠然，字幕出现：距离 5017 公里。另一组画面，一群朋友在 KTV

为远在异地的朋友庆生，透过手机把现场画面及声音传送给对方，字幕出现：距离0公里。

方法解析

上述案例是以人与人之间没有距离为广告主张，表明因为电话服务，心没距离，世界没距离，为人们提供了幸福美满的生活。

第114天 邻里趣事

案例

小学生放学，在十字路口都有志愿的导护妈妈在维持交通秩序。两位小朋友在行进中的对话，男生说：要搬家了！导护妈妈听到了，插嘴说：没有那么快啦！数日后，男生搬家了，女生怪导护妈妈预言错误，大家都非常惊讶怎么这样快？原来是委托某房屋中介。而另外一位路人听到了这个信息，像连珠炮一样的将这家房屋优良成效说出来，大家又惊讶他怎么知道，原来他在这家中介工作。

方法解析

如此既生活化，又戏剧化的剧情，使人们感受到邻里间是如此亲近，像是社区中的老朋友。

第115天 强调工艺

案例

乐百氏27层过滤工艺。

随着科技的进步，人类在应用上，越来越精密，也越来越深入。

在广告影片制作上，数字化的后期作业，也利用了科技，把肉眼看不到的世界给层层剖析，强化了品牌及商品的专业程度。

乐百氏纯净水曾使用过这一手法，以字幕表现水粒经过27层过滤的工艺。不仅让顾客安心、信赖，同时在相同产品中也取得了相当的地位。

洗剂类商品，让消费者看过洗衣粉如何在衣服的布质纤维中，达成去污效果，层层剖析，深入浅出的解释，加上统计数字佐证，产生很好的说服力。

方法解析

> 类似的手法在洗发精、洗衣粉、空调、美白乳霜，还有卫生巾、肠胃药等商品的广告中，常常会用到。

第116天 成人幽默

案例

美容院：请不要向从本院出来的女士调情，她或许就是你的外祖母；

西门子公司：本公司在世界各地的维修人员都闲得无聊；

印刷公司：除了钞票，承印一切；

黏合剂：它能黏合一切，除了一颗破碎的心；

轮胎：任劳任怨，只要还有一口气；

汽车：它唯一的缺点是每小时跑100公里时，你仍听得见在后座的丈母娘唠叨的每一个字眼。

图6-5 最快的自动对焦

图6-6 Wonderbra胸罩广告：太大，硌的慌，还是背对着吧

方法解析

成人幽默的广告不仅脍炙人口，还会使人产生会心一笑的深刻记忆。从幽默中寻求创意，是非常有效的创意营销之道。

第 117 天 物以类聚型

案例

奥运会时，耐克播过一支广告，人们在路上跑着，在街头投篮、踮脚，在床上跳跃、掷飞盘，每一个小小的动作，都与奥运竞赛项目有关联。自始至尾六十秒，没有说一句话，只出现字幕：just do it。

方法解析

> 同样是运动衣着，为何选耐克，因为它的价值，更上一层楼的诠释，因为认同它的价值观。这类群体有共同的语言，共同的穿着，共同的品味。耐克（Nike）将运动衣着配件升华到精神的领域：只要去做（just do it）没有极限（no limits）。

第 118 天 心灵默契型

案例

电玩软件 PS2 在英国的一支电视广告文案，是由男女老少各种人士的口中说出的话，集锦而成，内容大意如下。

这么多年来，过着双重的生活。白天坐公车，卷起袖管，面对现实；到了晚上，充满惊奇，这是一种超越现实的生活。我不否认自己有些暴力。沉迷在暴力中，不只是自我防卫，还表现出不在乎生命财产的态度，你可能不会想到我能指挥军队，占领世界，即使把道德放一边，也毫不羞愧。虽然过的是双重的生活，我能说：这就是人生，不要低估 PS2 的力量。

方法解析

上述案例，实际上在寻求心灵默契者，对产品能产生心灵默契，自然会对产品本身高度认同。

第119天 脑筋急转弯

案例

有一支甜辣酱的广告：一人正在好好享受他添加了甜辣酱的美食，蚊子叮上了他，此人毫不在意，等蚊子吸饱了血飞起后，在空中爆炸，可见有多辣。

方法解析

这一类型广告，有些脑筋急转弯的味道，突显了广告人的机智。但功力在于如何能百看不厌，否则看过一次，就不再有趣了。

第八单元
从修辞入手做创意营销

常见的修辞手法，如夸张、幽默、拟人、创造、虚幻、壮观、技巧、大胆等均可以用来做创意营销。

第 120 天 谐音谐义

案例

金利来用锦鲤做广告，取谐音“锦鲤来”。

三菱电梯公司的电话号码：4303030。

强生公司的号码：6258

0000。

“恒丰”香醋的广播广告：

男：一天、两天、三天，燕妮还不理我，我该怎样向她解释呢？唉！都怪她爱吃醋。

女：伟华说我爱吃醋，其实才不是呢！今晚，他约我吃饭，我该和他和解吗？（辛晓琪之“味道”渐起……）

女：今天的晚餐点了蜡烛，插了百合花，很浪漫！伟华特别要了一小碟醋，说吃醋的感觉还是蛮好的。就这样，我拥抱了他……

男：镇江恒丰香醋，别有一番滋味在心头！

宝马，宝马，里面真的有很多马，也在说 X5 比较大……

图7－1　宝马广告

方法解析

各地方言和中外语言的谐意、谐音的使用，成为广告用语易读、易记、易传播的特殊方法。

第121天　搭配衬托

案例

健力士啤酒的广告用牡蛎、牛排来搭配衬托。

方法解析

衬托是把作品中所描绘的事物的性质和特点放在鲜明的对照和直接对比中来表现，借彼显此，互比互衬，从所呈现的差别中，达到集中、简洁、曲折变化的表现效果。运用这种手法更鲜明地强调或揭示产品的性能和特点，给消费者以深刻的视觉感受。这是一种常用的行之有效的表现手法。

第 122 天 逻辑说理

案例

月饼礼盒的广告：月饼因为暴露在空气中，在贩卖过程中，容易受到口沫、灰尘的污染，所以每一个月饼都以真空包装，既卫生，又能保持月饼的风味。人们想想很有道理，自然就会选用有个别包装的月饼。

方法解析

> 以逻辑方法推理，只要受众认同了其逻辑，就更易认同体现这一逻辑的产品。

第 123 天 拟人手法

案例

图 7－2　3M 防污广告

除了图片外，还有文案式的拟人手法，如方正的形象宣传："我是谁？你看不见我。我是方正医疗信息管理系统。"很耳熟？对，因为这则广告不仅挂在国贸地铁站，而且还在热播的电视剧中间、娱乐和新闻节目的前夕滚动播出。这种独特的修辞很快就成为很多网友开玩笑时用的新题材，当然，在开玩笑的同时，他们也记住了这家 IT 公司的医疗业务。

正如很少使用存折而习惯于银行卡一样，中国都市里的人接受医疗服务的模式也在悄然转变。

但这种转变只有我们在相隔一段时间去医院时才能感受到，至于这些变化是谁带来的，之前还从来没有一家做医疗信息化的公司在媒体上像方正这样大规模地投放过广告。

“提到方正大家就自然想到 IT，并联系到电脑业务，这是一种认识的偏差。事实上，从 2009 年开始方正就已经整合成为多元投资控股集团，我们希望打造以方正为主的集团品牌体系。”方正集团品牌管理部总经理魏亚欧这样告诉《第一财经周刊》。而在这以前方正从来没有进行过如此大规模的品牌推广。

方法解析

> 拟人可以使产品形象生动，让人产生联想，而赢得人们的好感。如图 7－3 瓜果们的造型，没有比这更可爱的农贸市场广告了，让人联想起经典美国动画里调皮可爱的那些形象。

图 7－3　农贸市场创意营销系列广告

第 124 天　夸张手法

案例

图 7－4　电池广告：太耐用了

图 7－5　国家地理频道广告：太清楚了……

图7-6　吉普广告：越野车就能这么停

图7-7　丝袜广告：下次打劫挑质量差点的用

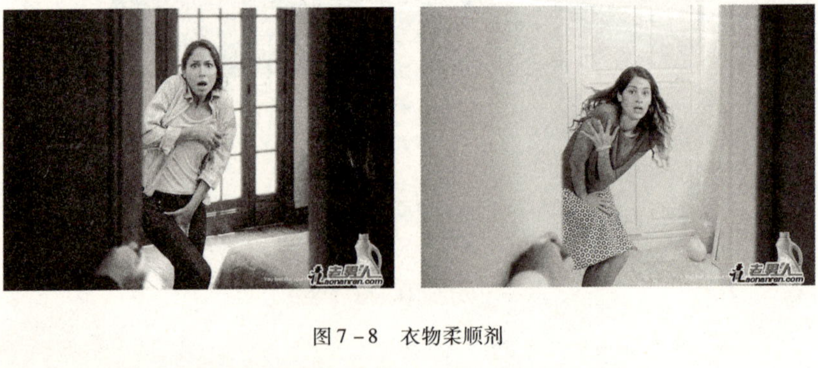

图7-8　衣物柔顺剂

注：图片来自 www.laonaren.com。

这是一篇恶搞的衣物柔顺剂广告，衣服柔软得如同没穿衣服一样，所以当门被陌生人推开的时候，美女们紧张得下意识做出遮挡，仓皇失措。

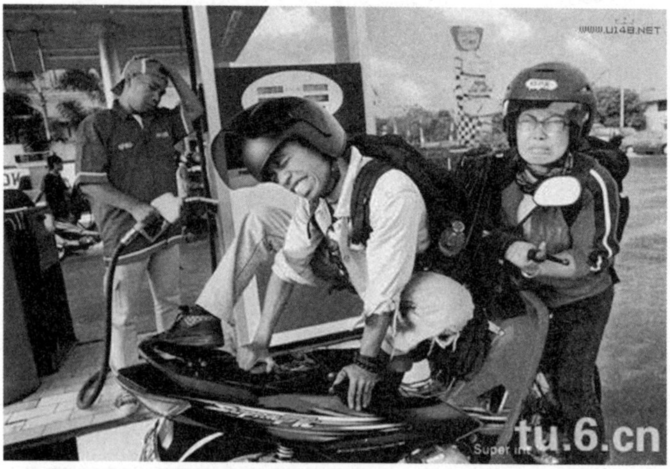

图7－9　Honda摩托车广告：太省油，所以太久以后，生锈了

注：图片来自原tu.6.cn网。

图7－10　某漱口水广告

注：图片来自原tu.6.cn网。

图 7 - 11　Game boy 广告：玩到脚都没了，还不知道

图 7 - 12　Pedigree 狗粮广告：吃过之后直接变超狗

图 7－13　联想笔记本：太薄了，竟一不小心……

图 7－14　路虎广告：动力就是这么强！

夸张演出型：如食品、饮料广告的无厘头夸张演出。在某一冰棍的广告中，一位中学生在教室咬了一口冰棍，不但自己冻成冰人，四周的同学也冻成冰人，连进来上课的老师也冻成了冰人。如此滑稽夸张的情节，所有的受众都知其假，但是因为假到了极致，消费者在接收信息时，不会信以为真，但却容易记住这个被夸张的广告主张。剑湖山游乐场的广告：一位胖妹在百货公司购买背包，当她将背包的两条肩带背起试用时，立即联想起冲疯飞车（云霄飞车）的刺激感，不由自主地大声尖叫起来，好像坐云霄飞车时的感觉一样，也是属于这一类型的广告。单一诉求的广告，往往可以把诉求点无限夸张，让创意营销有了很大的空间。

夸张情势型：制造压力，再给解药。旁氏嫩白精华乳的白天鹅篇：主角是一位饰演白天鹅的芭蕾舞者，一夜之间脸部的皮肤变黑了，变成了黑天鹅。教练在次日发现白天鹅变成黑天鹅时，配乐戏剧化地加入了泄气的音符，更是夸张了严重性。此刻话锋一转，旁氏为她发现了原因，建议她采用真正有效美白的方式，如此之后，在表演的重要时刻，舞者倍显光彩。为了让商品的存在显得重要，就必须将消费者必须使用的理由加以夸张。如此才能渴望得到解药。

方法解析

文学家高尔基指出："夸张是创作的基本原则。"通过这种手法能更鲜明地强调或揭示事物的实质，加强作品的艺术效果。借助想象，对广告作品中所宣传对象的品质或特性的某个方面进行相当明显的过分夸大，以加深或扩大对这些特征的认识。夸张是在一般中求新奇变化，通过虚构把对象的特点和个性中美的方面进行夸大，赋予人们一种新奇与变化的情趣。按其表现的特征，夸张可以分为形态夸张和神情夸张两种类型，前者为表象性的处理，后者则为含蓄性的情态处理。夸张手法的运用，为广告的艺术美注入了浓郁的感情色彩，使产品的特征更鲜明、突出、动人。

第 125 天 引人联想

案例

图 7－15 水果广告

图 7－16 BMX 自行车系列广告：这么好的自行车，能走寻常路吗？

注：图片来自原 tu. 6. cn 网。

杀虫剂广告：虫子死光光了，食虫草只好出来工作谋生。杀虫剂广告：虫子死光光了，青蛙只好出来工作谋生。

1979 年，丰田车在其新上市的广告中，让刚刚走红的日本明星山口百惠穿着鲜亮的红鞋子为丰田车做电视广告。刚刚走红的山口百惠与即将走红的丰田车、红鞋子与轿车，颜色与语义发生了神秘的联系，加之由于日本人熟悉的安徒生童话中的“红鞋”以及当时在日本传诵的野口雨情的童谣“红鞋”等综合影响，许多人都不由自主地会在心中产生：西洋、儿时的情景、真挚的感情、新鲜向上的追求等联想，从而使丰田车建立起了自己的广告形象。

方法解析

联想是人类的一种特有的思维方式，实际上，一切由此及彼的想象都是一种联想。因此，联想并不仅仅局限于以上三种，在生活中，还普遍存在着多样化的联想形式，如因果联想、推理联想、情感联想等。有时，广告创意营销还需要同时利用几种联想。

广告创意营销要和产品之间建立自然而然的联系，不能风马牛不相及；要以产品和目标顾客之间为轴，以利益为基。创意营销与产品关联：这要求创意营销必须能说清楚产品给予消费者的利益，而消费者一看就能明白。比如，网球明星美少女库尔尼科娃为某胸罩做的广告是她指着自己的胸部说："This ball is the springest。"（这个球有弹性）代言人本身与球有关联，这样幽默一说，不仅让观众留下了深刻的印象，而且很自然就明白该胸罩给她的利益点就是"弹性十足"。

第 126 天 视觉震撼

案例

图 7－17　震撼视觉的广告

方法解析

正如美国彭立克所说："要使观众在瞬间发出惊叹，立即明白商品的优点，而且永远不会忘记，这就是创意营销的真正效果。"两个完全不同空间的事物组合，创造了令人惊叹不已的画面视觉效果，让美国与加拿大边界世界著名的尼加拉大瀑布，从美国纽约的摩天大楼楼群顶上倾泻而下，声势浩大如世界末日，如宇宙创生，使人产生梦境般的震撼，人们仿佛可以从无声的画面中感受到宇宙颠覆般的巨大声波，强烈的视觉冲击转化成了听觉撞击，不由得使你产生瞬间的全身心注意，这就是优秀创意营销广告的外在效果。

第 127 天 见图思意

案例 1

图 7－18 iPod 户外广告

图7－19　修理汽车的广告

方法解析

勾勒扫描，突出的是线条，传达的是会意，正如一个扳手，夹着所要修理汽车的品牌，最简单的勾勒，让人马上会意到这是修理汽车的广告。

案例2

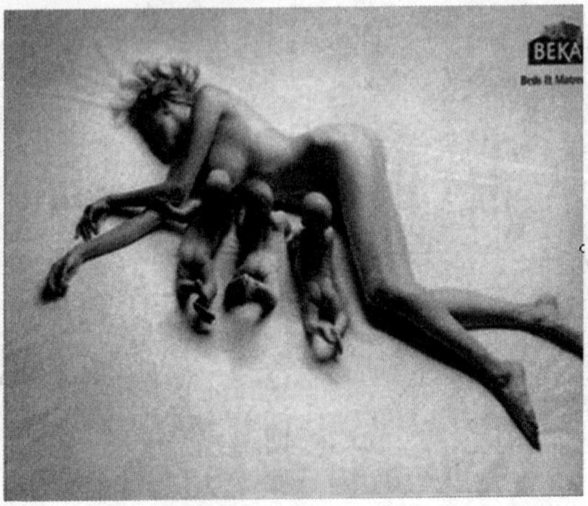

图7－20　床垫广告

图7－21　微波炉广告：不会串味儿

方法解析

见图思意是指让人看到图后，明白其表达的意思，与人们内心深处潜藏着的生活逻辑相契合，也就是让人在内心深处对该产品有种感觉，从而产生一种从未有过的感觉，艺术上称之为会心，禅宗称之为觉悟，这就是人们常说的“有了感觉”。好的创意营销的最高标准就是让人突然间产生一种感觉。

第128天　哲理思考

案例

利用直线隔成多个矩形的格子，每个格子里有一个正在熄灭过程中的电灯泡（如图7－22）。此设计及由查克·威斯罗（Chuck Withrow）写的简洁的广告词指出：通常好的建议由于有许多反对者介入而未被采纳。

（1）“我有个主意……”

（2）“必须谨慎从事……”

（3）“有点太激进……”

（4）“我个人喜欢它，不过……”

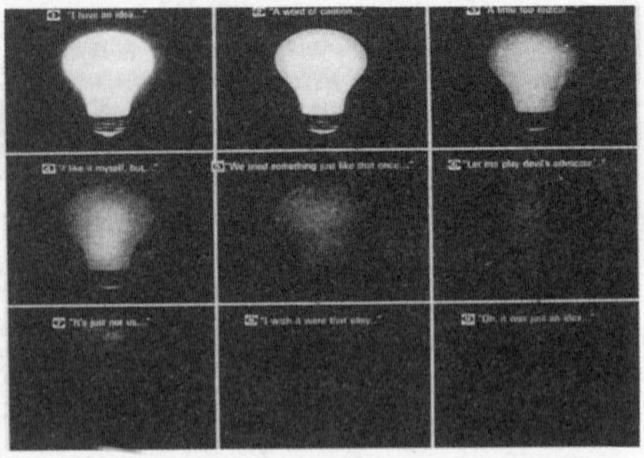

图7－22　正在熄灭过程中的电灯泡

（5）“我们一度试着那样干过……”

（6）“让我挑点毛病……”

（7）“那不是我们……”

（8）“但愿这主意那么容易……”

（9）“哦，它仅仅是个想法……”

（10）它仅仅是个想法。

（11）建议是很脆弱的，将它熄灭比让它发挥作用要容易得多。

方法解析

这是一则精彩的公司广告，它不仅博得客户、潜在顾客和财团拥护，而且已成为一个很好的雇员招聘工具以及提高士气的手段。这则广告获27000次重印申请。

第129天　对比比较

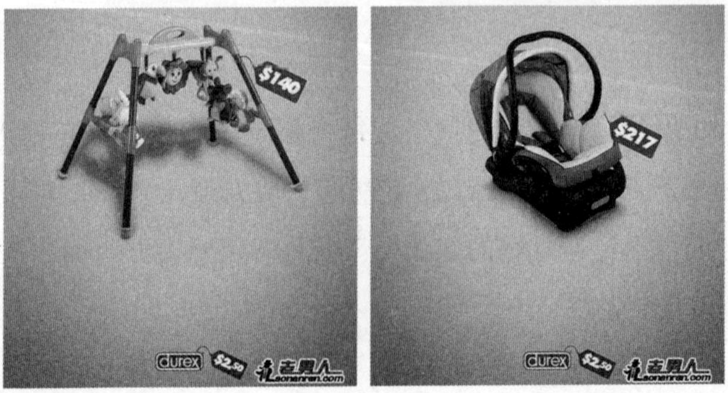

图7－23　杜蕾斯广告：劣质套套的代价

注：图片来自laonanren.com网。

图 7－24　联邦快递广告：比火警还快，所以干脆用他们家快递运救火车

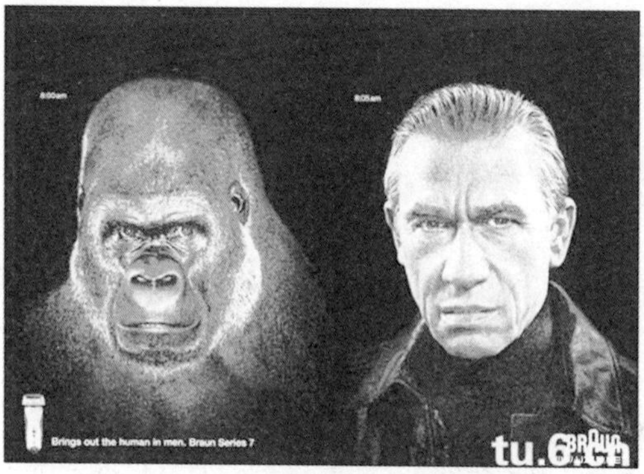

图 7－25　剃须刀用过以后

图 7－26　眼镜广告：原来世界可以这么清晰

注：图片来自原 tu.6.cn 网。

方法解析

比较型这类的广告创意营销是以直接的方式，将自己的产品与同类产品或者产品使用效果的前后进行优劣比较，从而引起广告对象的注意并认牌选购。正如杜蕾斯广告语：哪个更贵，你自己衡量吧。广告不是赤裸裸的感官效果，而是通过情感要素来打动用户，这样的广告效果更容易让人接受，传递的不仅仅是产品信息。

第130天 弦外之音

案例

一款新车推出了广告影片：观众看到一辆接一辆心目中十分具有power的名牌高级轿车转入一个巷子，随即都倒退而出。当escape驶入后，却未见倒退而出。为什么呢？观众期待一个答案。画面带领观众到了巷口，看到巷子底端原来有一堵高墙，可是escape不见了，只在墙上留下了escape驶过的痕迹以及墙上的一行字，路是escape走出来的。

方法解析

上述案例虽然夸张，但是广告的弦外之音的谜底，似有若无的向受众揭晓了：escape马力大，还具有爬陡坡的能力。

第131天 比喻手法

案例

明喻：本体、喻体、比喻词均出现（像、好像、如、如同、好似、仿佛、犹如）。广告词包括：

纯净得像经过蒸馏一般。——太阳石油公司

历经考验，稳如泰山。——中银新加坡分行

轻柔得犹如羽毛。——手套公司

暗喻：暗示性打比方，是、变为、变成。广告词包括：

电话就是你的高速公路。——贝尔电话公司

这是一小片温馨的阳光。——贺卡

我们将黑夜变成白昼。——灯具公司

只要一点点，清水变鸡汤。——味全味精

古有千里马，今有日产车。——日产车

借喻：本体、喻体均不出现，直接用喻体代替本体，即把被比的事物当作打比方的事物来说。比暗喻更直接，语言更经济。广告词包括：

花园的守护神。——杀鼠剂

家居的太阳，能令您冬暖夏凉，春天干爽！——多用干衣机

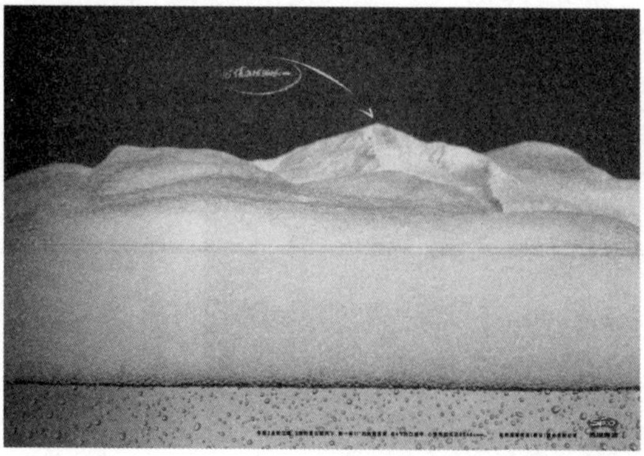

图7－27 啤酒的平面广告

在设计过程中选择两个在本质上各不相同，而在某些方面又有一些相似性的事物，“以此物喻彼物”，以达到设计者的目的。比喻的事情与主题没有直接关系，但在某一点上与主题的某些

特征有相似之处，因而可以借题发挥，进行延伸转化，获得“婉转曲达”的艺术效果。与其他表现手法相比，比喻手法比较含蓄隐伏，有时难以马上明白，但一旦领会其意，就能给人以意味无尽的感受，如图 7－27 所示。

方法解析

比喻即打比方，根据两个事物具有相似之处，用其中一个事物来说明要表现的事物。比喻的作用功能主要如下：一是使广告更具形象性，有利于提示事物的形态和本质，尤其对较抽象的事物，通过比喻，使之具体化，增强表现力。招聘：寻找人生舞台。保安监视系统：火眼金睛。二是使广告具有理解性。用熟悉的事物打比方，让人能够由已知事物联系到未知事物，由浅显的事物联系到深奥的道理。

第九单元
从效果入手做创意营销

第132天　富于幽默

案例

图8－1　大众汽车：警察躲在后面

大众汽车广告的确是有点恶搞了，警察放着自己的车不躲，全都躲到了大众的后面。

方法解析

在广告作品中巧妙地再现喜剧性的特征，抓住生活现象中局部性的东西，通过人们的性格、外貌和举止的某些可笑的特征表现出来。幽默的表现手法，往往运用饶有风趣的情节，巧妙的安排，把某种需要肯定的事物，无限延伸到漫画的程度，造成一种充满情趣，引人发笑而又耐人寻味的幽默意境。幽默的矛盾冲突可以达到意料之外，又在情理之中的艺术效果，勾起观赏者会心的微笑，以别具一格的方式，发挥艺术感染力的作用。

第133天 魔法奇迹

案例

“魔术灵”是一个厨房清洁剂、浴室清洁剂、玻璃清洁剂的品牌，命名为“魔术灵”，它的广告一如品名，多年来保持一贯的手法，只见家庭主妇一抹一擦，如同仙女魔棒一点，厨房、浴室立即清洁如新，强化了“轻松去污的效果”。

苹果计算机的桌上型计算机，将屏幕与光盘机合一，造型超炫。广告中的情节，看到计算机在橱窗中，一位路人对计算机摇头，计算机也摇头，对计算机伸舌头，计算机的光盘也像舌头一样伸出来。让计算机有了拟人化的演出，引人会心一笑。给一个新颖的工业设计添加了魔术趣味。

图8－2 相机广告：不仅能识别人脸哦，是脸就行，包括鬼脸

图8-3　某击剑广告：这还了得

方法解析

运用畸形的夸张，以无限丰富的想象构织出童话般的画面，在一种奇幻的情景中再现现实，造成与现实生活的某种距离，以达到设计者的目的。这种充满浓郁浪漫主义、写意多于写实的表现手法，以突然出现的神奇视觉感受，给人一种特殊的美感，满足了人们喜好奇异多变的审美情趣的要求。

在这种表现手法中艺术想象很重要，它是人类智力发达的一个标志。干什么事情都需要想象，艺术尤其是这样。可以毫不夸张地说，想象就是艺术的生命。

从创意营销构想开始直到设计结束，想象都在活跃地进行。想象的突出特征，是它的创造性。创造性想象是新的意蕴挖掘的开始，是新的意象的浮现展示。它的基本趋向是对联想所唤起的经验进行改造，最终构成带有审美者独特创造的新形象，产生强烈的打动人心的力量。

创意营销中魔法奇幻，是种很吸引消费者的表现手法，运用在广告之中，增加商品的奇幻价值。这些魔法奇幻，除了高科技制造效果外，一些传统魔术也可以运用，比如，四川戏法“变脸”，就多次被引进广告中。

第 134 天 超凡脱俗

案例

KENZO 是一个日本设计师在法国树立的时尚品牌，它的广告中混合了都市及自然之美。还有一支广告，只见美女如有轻功一般，脚不触地悬空行走在浮于半空中的玫瑰花丛里。配乐也是空山灵雨，十足日本式的禅意，同时兼有现代的美学，让品牌的风格超凡脱俗，高高在上。

方法解析

这类广告的人物、服装都脱离现实，冷峻华丽，鹤立鸡群。当然，这一类型的商品，在各方品质上都要足够细致，否则会不伦不类。此外不少高档汽车也会采用此类手法，让人不得不膜拜。

第 135 天 拉近距离

案例

Pentium 4 刚上市时，其功能很强，它在广告中显示的是人们家庭生活中，无论大人还是小孩，因 Pentium 4 而让影像更丰富、学习更精彩、影片更生动后的美好生活片断集锦。

方法解析

对许多人而言，3G 高科技产品既复杂又有距离，因此理性的解释功能并无任何帮助，采取融入平实生活中的实际贡献为广告诉求，是如此亲切有趣，原本冷冰冰的科技产品，一下子便融入了人们的生活之中。

第 136 天 颠覆传统

案例

有些年轻人喜欢奇装异服、怪发型、穿耳洞，或是在舌头上穿珠，这些无顾忌一族，让年长一代的人看得摇头。在一支广告片中，只见老人家、老师、父母或较保守一族，看到这样的年轻人出现在眼前，频频摇头。广告代表年轻人说话：摇头族是你们，不是我们。

方法解析

这类广告的目标是年轻人，如此颠覆传统的观点，以不同的角度看待新世界，一下子就抓到了年轻人的心，但是如果做得过火，会让年长者反感，引起社会舆论批评，同时沟通形式不要让市场区隔的太小，因此做法上要注意分寸。

第137天 让人厌烦

案例

有一支感冒药的广告，一再重复品名，加上广告量铺天盖地，虽人人感到厌烦，但是有如魔咒，当你到药房买感冒药时，脑海中就只记得这个品牌。家喻户晓的脑白金广告，就是典型代表。还有一个饮用水的品牌叫多喝水，广告中不断重复要你多喝水，想到喝水就会想到多喝水，也一样是魔咒效果。

方法解析

广告在媒介上的投放量，也是决定广告成效的重要因素。投放量的多少，代表了广告接触面的广狭以及接触频度的强弱。咒语笼罩型，是采用在广告之中增加信息频度的有效方法，在广告中把同一句话、口号、品名重复再重复，或是加上朗朗上口的广告歌，具有催眠效果。

第138天 惊吓效果

案例

多年前英国有一支广告：不要穿着动物皮草，保护动物的广告，前二十秒钟只见名模穿了皮草在伸展台上行走，台下名流汇聚，最后，名模一转身，皮草下鲜血四溅，触目心惊，溅得台下观众满脸皆是鲜血，人人只要看过一次就会记住，大概再也不敢穿着皮草大衣了。

方法解析

惊吓效果的这类广告总是具有震撼力。有一劝人戒烟的平面广告，把烟灰缸做成肺脏的样子，香烟头点在其中，效果也是挺吓人的。

第139天 让人震撼

案例

苹果机曾经以不同凡响作为品牌的核心概念，这样的理想与意志，是苹果机创始人30年来的一贯想法，并且在提出此一主张后，在产品外观设计上也大大的与众不同，重新颠覆了市场，引领了计算机的设计潮流。当这个概念向大众宣示时，苹果计算机在美国推出了一支六十秒的广告，画面中出现爱因斯坦、毕加索、邓肯、甘地、阿里等伟大人物的纪录片片断，旁白是这样说的：这里有一些特立独行的人，他们与社会不同调，在方圆规矩中不协调，对事情有不同的看法，他们是规则的破坏者；你可以引述他们的观点，或是不同意他们的见解，以他们为荣，或是鄙视他们；唯一无法忽视的事：就是无法忽略他们，因为他们改变了世界，使得人类进步。

方法解析

商品往往是企业主理想与意志的实践。苹果在当时有人视他们为疯子，现在被视为天才，因为不同凡响，才能改变世界，就像你选择了苹果计算机。不同凡响是苹果计算机企业的使命、理念，并且加以实践，成为苹果计算机顾客的愿景及自我期许。

第 140 天 展示原理

案例

乐百氏纯净水曾以字幕表现水粒经过 27 层过滤的工艺。不只让顾客安心、信赖，也取得了相当的地位。洗剂类商品，让消费者看过洗衣粉如何在衣服的布质纤维中，达成去污效果，层层剖析，深入浅出的解释，加上统计数字佐证，产生很好的说服力。

方法解析

随着科技的进步，人类在应用上，越来越精密，也越来越深入。在广告影片制作上，利用科技，把肉眼看不到的世界给层层剖析，强化了品牌及商品的专业程度。

第 141 天 名称相近

案例

1997 年，美国辉瑞公司的四位医学家试制成一种专治阳痿的药物，这就是后来红遍全球的神奇蓝色小药丸，香港人给它取了个一语双关的中国名字——伟哥，于是伟哥几乎成了壮阳药的代名词。

1999 年初，一种名叫“力龙伟雄”的壮阳药产品问世了，此药的发明人是著名中医李锡涛教授。虽然药效不错，但用“力龙伟雄”品牌推广却不尽如人意。该药在全国多数地区销售不畅，有些地方甚至是直接退货。一次偶然的机会，李教授咨询了策划师，当该策划师听李教授讲了自己产品销售的困难之后，突发奇想：“我倒是有个好办法，著名相声演员牛群的人品一流，在圈内被人们尊称为牛哥，咱们的产品就叫牛哥怎么样?”经过慎重思考，牛群终于答应了。

“牛哥”同“伟哥”相比，没有搭国外音译名的便车，免去了类似伟哥抢注之后的诸多风波，但又巧用了伟哥造成的影响，让人容易产生相关产品联想。另外，牛群人到中年，性情随和，热情亲切，家庭稳定，身体健硕，由这样一位有文化内涵、人缘好的明星做品牌广告，消费者自然容易相信。

“力龙伟雄”品牌改为“牛哥”品牌后，该产品的销售立刻直线上升，各地经销商蜂拥而至，策划师选择了一家有药品经销权的国字头的公司作为“牛哥”的总经销。产品从原来的全部滞销，变成供不应求。

方法解析

成功来自突破。恰当地运用某些突发性事件的轰动性、冲击性，并利用好名人效应，再顺便搭著名品牌的谐音顺风车，可以快速提升企业及其产品的社会认知度、辨认度，从而使企业走上快速发展平台。

企业家最可贵的就是赚钱的创意营销。现代的市场，是最需要创意营销的市场。这种创意营销往往来自于“换个方式”思考问题的结果。

第 142 天 引发共鸣

案例

芝华士威士忌酒的 WHEN YOU KNEW 心领神会广告攻势，就是从男性的角度出发，以俏皮话的方式来看女人、看人生、看成就感、看寂寞，引发大家的共鸣。这样，一张图片，一句话，可以通行全世界，形象趋于一致化。身材诱人的美女图片，加上画龙点睛的一句话：上帝也是男人！

方法解析

许多跨国品牌的广告主张都会强调：这是宇宙永恒不变的真理，如此可以跨越文化、生活方式的差异。

第 143 天 人生感悟

案例

广告中，可爱的小朋友们看天文、游泳、接触计算机、下西洋棋，背景音乐唱着：I HAVE A DREAM TO SEE THE WORLD，字幕出现学习 + 学习、尝试 + 尝试、累积 + 累积、挑战 + 挑战，这些正是孩子们摸索成长的写照。广告的结论：知识让人富有，这是台湾日盛国际商业银行的企业广告，他们自视为富有知识的银行。

方法解析

人生感悟的广告，能让人产生心灵的共鸣。比如，广告中有一句富于哲理的话：40 岁的男人，心中有梦，仍是年轻人，这会让许多这一年龄的男士在心灵上有感悟与共鸣。

第 144 天 流行时尚

案例

三星电视广告与时尚挂钩。广告文案为图片上的一个美女下批注：鞋子是米兰的，服装是巴黎的，首饰是纽约的，电视是三星的。让电视机也进入了流行之列。

方法解析

如果要与时尚搭上线，以当红的明星为代言人最快速；或是在广告中充满了显现流行的符码，例如，人物的服饰、化妆、发型、场景、道具。甚至广告中的美学、摄影角度、剪辑上的节奏感、音乐，都应与眼前的时尚接轨，甚至可以更前卫一些。以立顿红茶的茶袋为例，这是一个有历史的商品，不时就要与时尚的符码结合，保持青春永驻。

第 145 天 异想天开

案例

徐若瑄在摄影棚中拍广告，静静地对着镜头微笑，突然冒出一个怪人，接着又冒出一个怪人，令坐在摄影机后面的导演跌坐到地上，原来这些怪人都是从一个线上电玩中跑出来的，紧接着大家都换入了电玩场景之中，一团混乱，徐若瑄说：跟我一起来混乱冒险。

方法解析

上述案例是一个线上电玩游戏软件的广告，在手法上虽然做得还不够疯狂，但是与本模式有关的各项元素也都齐备了。与年轻人沟通的商品，通常会出现这一类型的广告。

第 146 天 前所未见

案例

苹果计算机在重新定位，以 THINK DIFFERENT 重新出击后，推出的第一支商品广告：将红、蓝、桔、紫、绿五种水果冻色彩的计算机，在空中做 360 度的翻滚，颠覆了过去计算机商品出现在人们眼前一本正经的模样，让人耳目一新。

方法解析

这样的出场方式，非常符合一个重新亮相品牌的姿态。所有的新产品上市时，广告主都期待自己的商品能让受众有耳目一新的感受。只是在表现手法上追求耳目一新，其实是很肤浅的，真正的力量仍然要源自商品本身。苹果计算机是很好的例子，如果没有那些五彩缤纷、突破传统的计算机外壳，恐怕难以支撑新鲜感。

第147天 诗情画意

案例

统一的茶饮料命名为饮冰室茶集，借用人们对这本名著的想象空间，让诗歌与春光为茶加入了附加价值，统一的左岸咖啡也借用了人们对巴黎塞纳河畔的想象力，加上日式散文的文案，在这样气氛的陪衬下，一杯咖啡的价值，变得不凡了。

方法解析

> 想要攀龙附凤，从命名、包装开始就要用心了，否则会表里不一，不伦不类。与流行时尚型有些接近，只是同台的符码，未必是时尚而已。

第148天 感官诱惑

案例

香港旅游局制作了一系列的广告，其中之一是这样的：几个女孩子在香港的街道上，忙得不得了，她们说：到了香港，一分钟也不浪费，买东西，吃东西，买东西，吃东西，停不下来。休息是不得已。然后买东西，吃东西，买东西，吃东西。

方法解析

上述广告没有看到画面，只看到旁白，但却能让你感受到香港真是一个让人兴奋、快乐的地方，充满感官满足之地。

第149天 无法回避

案例

在许多美国电影之中，可口可乐的大型户外广告、自动贩卖机往往很不经意地出现在主角的背后，让你感到它无所不在，这就是一种置入式行销的方式。

方法解析

可口可乐十分擅用此类型广告。对于普及率很高、本身没有什么特色的商品，经常采取这类广告形式，借由商品在人们生活中无所不在的片断集锦，显现出商品及商标的力量。可口可乐每隔几年，就会来一支集合全球青年手持可口可乐瓶，一起大合唱的广告，商品已经不是一个地区的无所不在，而是全球的无所不在。

第150天 不得不看

案例

到厕所里做广告。

厕所外形。在国外，最新的街头厕所设计成柱形，直径比啤酒桶略大，周围贴上巨幅广告画，从外面看起来同其他灯箱广告没什么差别。时间一长，广告画就成为公共厕所的标识。由于广告画醒目得多，在街头找厕所，自然是先找这幅广告画。这样的广告，想记不住都不行。

厕所内部也有广告商机。有家珠宝商在镜子上人体脖子的部位，刻上一串串珠宝项链，女士在镜前梳妆时，常常不由自主地像《蒂芬尼早餐》中奥黛丽·赫本扮演的角色那样，想象和比试着镜子上的那串项链如果戴在自己脖子上是怎样的景象。可以肯定的是，自会有人在戴了这镜上项链后再去买真的项链。

大多数人都有在如厕时阅读的习惯，国外的广告商由此发现手纸广告商机：将广告印在手纸上。这种广告一天接触几次，能不记住吗？

方法解析

> 厕所广告在美国增长很快，每年超过 18.5 万件。如今，在美国，厕所广告也开始细分目标读者，比如，在美国 2000 多家酒吧及餐厅的厕所，刊登的主要广告集中目标受众为 18 岁至 34 岁的年轻人。城市的电话亭、垃圾箱、公共座椅未来都将是广告的载体。

第 151 天　直白推荐

案例

影视明星张艾嘉，她没有明星架子；家居生活品质也很注重，但不是讲究奢华；在大众心目中是一位非常可亲的人。以她自己的感受来推荐味全林凤营高品质鲜奶，她说：又浓，又纯，喜欢它在口里的味道，好像家里养了一头牛一样。此时，真的有一头乳牛从她背后走过。过去她为卫生巾做代言人，也非常成功。

方法解析

自我诚恳的表白，在平实中又有一些戏剧化，是此一类型的代表作。但是绝对不能做作，如果让受众觉得，这位明星是被钱买来说话的，或是她根本不会用这个商品，那就毫无说服力了。

第 152 天 独特表白

案例

白兰氏鸡精在上海拍了一支广告，随着轻快的音乐，少女随着音乐的节拍，在外滩、在里弄中愉悦地跳着踢踏舞。广告独白说：女生，开始喜欢当女生。身体是自己的，世界也是自己的。

方法解析

独特表白的广告，能让观众改变心情，进入美好的境界，这就是广告的力量。上述这支广告因独特表白的手法，获得了不少奖项，产品销售情况也不错，同时还在播放当地带动了女性跳踢踏舞的风潮，这就是好的广告带来的效果。

第 153 天 绝版或限量

案例

日产汽车公司推出一种被称为“极具浪漫风采”，名为“费加洛”的中古型轿车。日产公司在新闻发布会上宣布：这种车只生产 20000 辆，保证以后不再生产这一车型，将在一定时间内接受预订，然后抽签发售。消息传出后，在全国引起轰动。前来申请的人超过 30 万人次，能中签买到车的人当然欣喜万分，没有中签买到车的人千方百计去搜索二手车，令二手车的行情比原价高出 1 倍多。

方法解析

> 这种限量刺激的创意营销，无非就是使市场上出现一定的“不饱和状态”，利用消费者“物以稀为贵”的心理，来刺激购买欲。这是反向思维的创意营销。

第 154 天 做无本买卖

案例

赚了分成，赔了保底。

日本的角荣建设银行董事长田式美是一位能够赤手空拳闯天下的人物。他相信世上有“没资金却能赚大钱”的生意，就用心寻找，想出了一套“预约销售”的方法。

这办法说来很简单。比如，有人要买某栋楼，他就先找到买主，同他商量："那栋楼约值一百万日元以上，主人现有意八十万日元脱手，请你买下它，保证两个月内可赚一成！超出一成利润时，超出部分由我得，如赚不到一成时，我赠你一成利润。"等买好后，他便代其销售。他往往能以相当于买价两倍左右的价格脱手。

对买主来说，两个月就有一成利润，比银行存款利息高得多，而且安全可靠。田式美做这项不要本钱的生意，确实有一套。他本来一无所有，经过十年奋斗，竟成为日本有名的建筑企业家了。

方法解析

上述案例是一种很有创造性的营销。但这种生意，需要非凡的商业眼光和准确的判断，否则会得不偿失。

第155天 卖了再收钱

案例

美国金霸王电池在电池市场上已独占鳌头。然而，金霸王电池从进入中国市场到占领市场，仅仅花了六个月的时间。一种新产品在六个月内，就占领那么大的新市场，真可谓闪电式的"速战速决"。

金霸王成功的秘诀是什么？质量固然是金霸王成功的一个重要因素，但更值得我们称道的是它独特的营销策略。那么，到底独特在什么地方？针对市场竞争激烈的情况，该公司采取了"三步走"式的营销策略：第一步代销，第二步铺货，第三步终端促销。

代销：所谓代销，就是把产品给批发商或零售商销售，在规定时间或者在批发商、零售商销售该产品后才收取货款的销售方式。它实际上是把产品让给商家的"试用"过程，若"试用"成功，商家就会经销该产品。

这样做虽然冒风险，但可以快速拓宽销售渠道。

铺货：是金霸王能够“闪电”占领市场的最关键的一步。就是送货给零售商，并尽力说服其经销其产品的一种营销策略。

终端促销：是指厂家为了扩大产品的名声、扩大或巩固产品的市场占有率，在零售店处张贴广告或悬挂广告横幅，以刺激消费者购买产品的营销活动。为了进一步扩大金霸王电池的名声和销售量，公司在零售店处张贴了许多广告画，并且每隔一段时间就检查一次，若广告画被其他产品广告画所覆盖，就立刻补起。这样，在很短的时间内，“金霸王”就进入了消费者的大脑里，并留下了深刻的印象，它也影响着他们购买电池的行为。

方法解析

> 在“代销—铺货—终端促销”的营销策略下，通过奇特的销售渠道，金霸王电池终于在电池市场上一枝独秀，“世界第一，耐力电池”的广告词，深深印入消费者的大脑中。

第 156 天 挖掘福文化

案例

金六福作为一个迅猛崛起的白酒品牌，金六福酒只用了三年的时间，便做到了十几个亿的销售额，跻身白酒市场五强，这在酒业营销史上，也算是一个奇迹。

那么奇迹是怎样创造出来的呢？

最主要的是做到了“酒品牌”与“酒文化”的信息对称。

“金六福”在进行品牌运作与品牌传播的过程当中，把在中国具有亲和力与广泛群众基础的“福”文化作为品牌内涵，促进了品牌文化与酒文化的比翼双飞。

“好日字的酒”，也在老百姓日常祈福迎祥的美好日子里，具有了广泛的“群众基础”，销售量大幅提升。

方法解析

传统文化具有生生不息的生命力和强大的感召力。成功品牌的背后，始终是浓厚的文化底蕴在支撑。在文化牌上下功夫，可以产生好的营销创意。

第十单元
从媒介入手做创意营销

第 157 天 平面广告创意营销

（一）平面广告的分类

案例

可口可乐广告词如下。

美味可口，提神爽气。(1886 年)

口渴不分季节。(1922 年)

质量好，才会有今天。(1925 年)

宾至如归。(1927 年)

要提神就得喝可乐。(1936 年)

全球著名商标。(1944 年)

美味的标志。(1957 年)

真会使你神清气爽。(1959 年)

这才是真东西。(20 世纪 60 年代后期)

我愿给世界买一瓶可乐。(1971 年)

可乐丰富了生活。(1976 年)

生命的象征——可口可乐

可口可乐，咧嘴一笑。(20 世纪 80 年代)

百分之百的清凉饮料。(20 世纪 90 年代)

李宁广告词如下。

中国新一代的希望。(20 世纪 90 年代初)

把精彩留给自己。

我运动，我存在。

出色，源自本色。

读我色彩，自由自在。(2001)

一切皆有可能。

其他广告词如下。

让我们做得更好!

其实男人更需要关怀。

科技以人为本。

四海一家的解决之道。

你的潜力我的动力。

真情的味道。

有实力当然有魅力。

一切皆有可能。

中国移动——移动信息专家。

全球通——未来在我手中。

动感地带——我的地盘听我的。

神州行——轻松由我。

方法解析

上述平面广告是一些常见品牌的广告，这些广告有不同的分类，可以分为以下几类。

按目的分类：产品广告，非产品广告，公益广告，认知广告。

按媒体划分：报纸广告，杂志广告，宣传单广告，直邮广告。

按目标受众划分：消费者广告，企业广告，贸易招商广告。

无论什么种类的平面广告，其创意营销要坚持以下原则。

真实性：真实性是平面广告的灵魂，生命和本质。

创新性：即个性化，创新才能在巨量信息中脱颖而出，在最短时间内吸引消费者的目光。

形象性：具有提升企业形象的功能，并使消费者通过它取得对企业形象的认可与尊重。

感情性：通过视觉或文字渲染感情色彩，打动消费者，使之认可广告内容。

（二）平面媒体的标题

案例1

正式场合穿“海螺”。

嘉士伯，也许是世上最好的啤酒。

认真的女人最美丽。

好东西要与好朋友分享。

方法解析

上述为陈述式：朴素、平实，靠产品有力的事实本身吸引人、打动人。比如：你只需轻轻按一下快门，其余的事交由我来做。

案例2

热烈庆祝××博览会隆重开幕！

方法解析

新闻式：把社会信息和产品信息结合。

案例3

怎样使你的皮肤又白又嫩？
吃火锅没有川崎怎么行？

方法解析

问题式：自问自答，询问式，反问式。形式上活泼、生动。要注意提问具体、明确，忌无的放矢。

案例4

语言会成为凶器！（某公益广告）

方法解析

悬念式：设置悬念，引发好奇，关注，寻找答案。

案例5

别让孩子输在起跑线上！

方法解析

祈使式：明白清楚地告诉消费者关心的主题，引起注意。

总之，标题是一个很关键的因素。你的广告如果有一个好的标题，广告就有可能让人读下去。有研究表明，大概 50% 的人看广告只读标题。标题的作用如此重要，所以平面广告的成功关键是有一个好标题。奥格威写劳斯莱斯的标题，26 个不同标题，请 6 个同仁看，确定了“在时速 60 英里时，最大的声音来自电钟的嘀嗒声”。

在开始写标题和副标题之前，要根据创意营销想一想在完成后的大概样子，确定一下广告的基调和风格，考虑一下需要写长文案还是短文案，采取哪种文体，使用何种文风。做出这些选择的时候，千万要想着目标消费者群，因为广告是在对他们说话。有时广告还需要副标题。副标题的作用是进一步引起读者的注意，让他有读下去的兴趣。

平面广告标题写作基本要求是：出奇制胜，忌讳人云亦云，拾人牙慧。如果你站着，而周围的人都在跳舞，你就会受到注意。比如总统用的是派克，表明好马配好鞍。在玛丽用伊潘娜牙膏之前，没人向她吹过口哨。联想用后的迷人形象，夸张幽默，符合美国人口味。要尽量突出商品品牌。比如不打不相识 vs 英雄打字机，十指打天下。此外，还要努力表现商品特性。奥格威说过，每个标题都应该给买主自身利益的承诺。比如安利高钙丸：一粒等于两瓶牛奶；U 形汽车保险锁：如因本锁被撬而丢车，本公司包赔新车一辆。

（三）平面广告的正文

案例

旅游胜地广告词如下。

当心吞下舌头或涨破肚子，因为这里的食物太美味了。

当心晒黑皮肤或脱几层皮，因为这里的海滩过于迷人了。

当心潜在海底太久而忘了上来换气，因为海底生物太令人惊讶而着迷。

当心胶卷太少不够用，因为生动镜头取不胜取。

当心登山临渊累坏身体，因为山清水碧令人流连忘返。

当心坠入爱河不能自拔，因为这里是谈情说爱、欢度蜜月的世外桃源。

当心买的东西太多而无法带回，因为这里的物价太便宜了。

当心被这里的豪华酒店、旅馆宠坏，因为服务太体贴入微了。

当心与本地所有人都交上朋友，因为当地人太友善了。

当心乐不思蜀，不愿归去。

方法解析

正文是广告文案的主体。广告正文必须和广告标题和副标题气脉相连。广告应该是一个整体，广告构成的各要素的功能才能发挥并产生互动，广告诉求才能发挥力量。

如果正文没有力量，标题也就会成为一个空中楼阁，成为一个空洞的噱头。许多广告的大标题和正文缺乏紧密联系，如果出现这种情况，标题往往只起到了吸引注意力的作用，而诉求就会缺乏，广告讯息就会显得苍白无力。要克服这个毛病，一定要牢记创意营销是核心，而创意营销并不是耍噱头。创意营销一定要潜在消费者意识到他们会得到利益或者产品可以帮助他们解决问题。

文案是长好还是短好，广告人历来都各有己见。文案长短并无定则，关键是要根据创意营销的需要而定。比如，针对受过较高层次教育的人，长文案，理性诉求往往是有效的，他们希望对事实做出自己的判断，你有时甚至可以在长文案中列数优点之后把产品的缺点告诉他们。他们的理性会告诉他们万事无完美，有时缺点反而会成为使人确定购买的动力。因为，他们会认为，敢承认缺点的产品是自信的、诚实的产品，更何况这些的确无足轻重。长文案往往可用于高档产品，如汽车、住房等。

在写文案正文时，要尽量使它有足够的卖点，并且尽量有趣，有告知性。奥格威对广告正文的写作要求是：广告内容比表现内容的方法更重要，真正决定消费者购买或不购买的是你的广告内容而非形式。为此，一是准确真实，忌夸大造假。比如有一条街上第一家打出英国最好的裁缝店，第二家打出本市最好的裁缝店，而第三家打出本街最好的裁缝店。显然最后一条广告最让人信服。平面广告要真实才可赢得信赖，打动消费者。“诚实是最好的策略。”二是要突出重点，忌面面俱到。可用系列广告，形成整体印象。三是具体明确，忌笼统空泛。比如涂料厂的广告突出价廉物美：涂料每公斤0.76元，可刷4平方米墙面，27平方米墙面，只用6.7公斤，不到5元钱。四是亲切生动，忌枯燥乏味。广告大师葛里宾认为，广告在技巧方面比写新闻要困难得多，车祸、抢劫案，新闻本身就使人们发生兴趣，并不需要运用创造力来使那些故事有趣，做广告则需要极大创造力使人们有兴趣。

正文的叙述方式可以分为多种。可以是陈述体、说明体、故事体、独白体、对话体、诗歌体（格律诗、自由诗、民歌）、曲艺体（相声、小品、快板），法无定法，根据创意营销需要而定，运用之妙，存乎一心。

正文中要有小标题。如果广告要运用长文案，最好在文案中安排几个小标题来分割内容。广告不同于书本，有些书是需要人慢慢坐下来深究的。小标题通常用粗黑字体，比正文字体要大一点。但是千万别让你的小标题看起来花里胡哨，否则会分散读者对核心广告信息的注意力。小标题有这样一些作用：它们可以抓住尽量多的潜在消费者；它们使正文看起来轻松易读，饶有趣味。一大片文字会使许多读者不愿看下去；它们可以调节读者在阅读中的阅读动力；它们使读者可以有选择地读文案，许多读者没有那么多时间去读所有的文字。小标题应该是有连续、有逻辑的安排。这并不是说你的小标题要枯燥，单调无味。相反，它们应具有和整体相符合的风格，为你的文案增光添彩。

正文要反复地斟酌，做到精简。正如推敲典故由来，苦吟派诗人贾岛《题李凝幽居》：鸟宿池边树，僧敲（推）月下门。再如北宋王安石镇江《泊船瓜州》：京口瓜州一水间，钟山只隔数重山；春风又绿江南岸，明月何时伴我还。先后用过“到、过、入、满、改”十多次不满意，最后才定为绿字。

文案是广告的核心。正文如作诗，要练字，做到文章不厌百回改，语不惊人死不休，达到形式和内容的完美统一。

（四）平面广告的插图

案例

在正文中常有各种插图，插图的主要类型，包括照片、绘画、图案、漫画、示意图等。

照片：真实，可信赖，产品、场景、人物表现写实。

绘画：多种艺术形式，油画、水彩、国画、版画、工笔、速写……艺术性强，充满人文气息和情怀，独一无二的个性色彩，更有品位，给人想象审美的空间，如楼盘效果图、景观图，给消费者美好遐想和期待。这也是绘画不会被照片取代的原因。

示意图：图解的方式，表现结构、原理等，如户型图、位置图。

图案、漫画等。

方法解析

平面广告要重视插图，现在是读图时代，图片的威力，形象直观，一张好图，胜过千言万语，任何人一看就懂，一看就明白，没有语言障碍，产品、风景、相貌刻画再生动，也不如图片一目了然。大量运用大幅照片，放头版，抓眼球，提高注目率。即使全文字广告，设计排版上也具有图形感，形象化。图形比文字通俗，绘画作品通常比书法作品更普及，更受欢迎，家中挂画往往多于挂字。

平面广告字体、字号不宜太多，超过3种就显杂乱。慎用繁体字。常见文字编排：横、竖、齐头齐尾、齐头不齐尾、齐尾不齐头、中央对齐等。电脑排版软件提供多种模式。

一个版面的视觉诉求力或注目价值，总是上半部强（高）于下半部，左半侧强（高）于右半侧。编排视觉流程，就是在于诱导人们的视线按照设计的意图，感受最佳映像，有意识地引导。因此，要注意版面上下左右空间的经营，突出视觉中心。

（五）平面广告的修辞

案例

使毛孔收细了，肌肤就像剥壳鸡蛋般细腻光滑。（玉兰油活肤菁华霜）

今年20，明年18。（上海制皂厂，白丽美容香皂）

两只鸡蛋，可换一袋。（海鸥洗发膏的农村广告）

如有我安乐队长在，肠虫休想再作怪。（西安杨森）

你总是脚太软。（讽刺国足）

对古诗句仿拟如下。

此时无霜胜有霜。（借用白居易《琵琶行》）

问讯酒仙何处有，太白捧出高炉酒。

钱不在多，够用就行。（借用刘禹锡《陋室铭》）

对成语、谚语仿拟如下。

对“痘”下药，“闲”妻良母，大事化小，小事化了。

书山有路读为径，学海无涯报作舟。（中华读书报）

连续反复：白猫洗洁精，灵！灵！灵！

间隔反复：世界销量第一，口味当然第一。

您能看到的历史 124 年——照相机发明于 1877 年；您能听到的历史 162 年——留声机发明于 1839 年；您能品尝到的历史 428 年——泸州老窖始建于 1573 年，泸州老窖，国窖酒。

万里长城，国务院颁布全国重点保护文物，始建于秦朝，是从月球上唯一能看得清的人类工程景观。故宫，国务院颁布全国重点保护文物，始建明永乐四年，是世界上现存最大最完整的古代建筑群。泸州老窖池群，国务院颁布全国重点保护文物，始建明万历年间，现存最古老至今仍在产的“活文物”。

皮张之厚，无以复加，利润之薄，无以复减。

苎麻夏布，湖南（浏阳）特产，马王堆西汉老太太的墓里就有苎麻夏布陪葬品，比化纤凉爽，比丝绸实惠，比棉布挺括，呱呱叫，顶呱呱！

享受两小时，印象三十春，传颂四百载，风流五千年。（酒）

马来西亚柔佛市“何去何从”交通安全广告如下。

阁下驾驶汽车，时速不超过 30 英里，可欣赏到本市美丽景色；

超过 60 英里，请到法庭做客；

超过 80 英里，请光顾本市设备最新的医院；

超过 100 英里，祝您安息吧！

干一杯啤酒，增一份友谊，添一分力量，多一份成功。

端着杯子，捧着盒子，开着车子，来买 × × 啤酒吧！

方法解析

平面广告中常用的修辞包括以下内容。

1. 比拟

不是比喻中的相似性，而是想象上的变通性，分为物拟人，人拟物，物拟物（少用）三类。比如我们的新鲜面包，现在附有“出生日期”；和白云山环丙沙星握手，与病原菌、抗药菌拜拜；带着春的情意，负着春的使命（物拟人），潜入市场经济的土壤，使经年常绿的老企业又发新枝（物拟物），呈现勃勃生机，为茁壮成长的新企业抹上一层新绿，充满活力（上海旭通广告）。比拟可以增强广告生动形象性，感染力。

2. 仿拟

模仿现有格式，临时造出新词语、句子。可古为今用，洋为中用，推陈出新。

3. 反复

同一词语、句子重复使用，突出其意思，或强调某种感情。

在广告中的作用：突出诉求点。如美的电扇，美的享受，要买电风扇，请认准美的牌；加强语气，巩固记忆。如威力、威力、够威够力；加强节奏。如恒源祥，绒线羊毛衫，羊羊羊！

4. 递进

“层递”，把三个或三个以上具有逻辑关系的事物列出来，表达事物大小、长短、轻重等方面程度的递升或递降。

5. 对比

有比较才有鉴别，不怕不识货，只怕货比货。使双方更鲜明、突出，给人深刻印象和启示。

总之，利用各种修辞手法，使平面广告生动吸引人。使语言表达更有层次性，增强表现力，有顺序表达，展现事物逐步发展的关系。便于对广告内容的理解，从层次递进中突出广告诉求点。使感情步步强烈，增强感染力。

（六）平面广告的主题

案例

突出品牌：喝贝克，听自己的。

反映企业、产品悠久历史：张小泉剪刀，300 年不倒；国窖，1573。

反映产品高品质，高档次：别墅中的劳斯莱斯。

反映给受众的利益：长效保护，拒绝蛀牙（中华牙膏）；高露洁的目标是没有蛀牙；不要太潇洒（杉杉西服）。

表现企业经营理念：为健康每一天（交大昂立一号）；健康成就未来（海王）；真诚到永远（海尔）。

反映企业或产品特点：工商银行，您身边的银行（网点多，方便大众）。

表现产品给公众带来的良好祝福：人头马一开，好事自然来。

方法解析

> 广告语根据不同时期的战略需要而有所变化、侧重。广告语是企业重要的无形资产，多看多读作品，提高鉴赏能力，模仿。

（七）平面广告的特点

案例

1. 新颖独到，与众不同

麦氏咖啡，情浓味更浓。滴滴香浓，意犹未尽。

咖啡之王，唯我摩卡。

雀巢咖啡，味道好极了！

2. 简短有力，好读易记（押韵，节奏明快，铿锵有力，朗朗上口）

孔府家酒，叫人想家。

营养多多，吃了再说。

3. 形象鲜明，号召力强

其实男人更需要关怀，挡不住的感觉。

方法解析

平面广告多从正面入手，完整准确表达战略思想，又要有鲜明风格。

修改对于平面广告来说非常重要。删减常常是修改中最重要的工作。删减，在某种意义上说是使广告卖点更有冲击力。删减不是要删除任何重要的东西，它是一个浓缩和提炼的过程。

平面广告的文字和视觉性元素要相互配合。广告常常需要插图或图片，这样就需要美工和艺术指导的配合。他们会用视觉性元素配合广告的文字。创意营销总监会把握文字和视觉性元素的协同工作。如果做不到这一点，艺术的成分往往会远离广告的传播任务。

制作好的广告照片还需要一个好的摄影师。每个摄影师都有各自的专长，有的擅长照人物，有的擅长拍物品和食品，有的擅长拍风景。艺术指导会选择一个好的摄影师。

平面广告要力求精彩，但不是华丽。精彩和华丽是毫不相干的，也不一定非要语不惊人死不休。精彩的文案应该是说到了客户心里去，引起共鸣并且使他们觉得回味无穷。通常，能够引起大众共鸣的都会是那些人们早已滚瓜烂熟的俗语，因此，广告文案也必须大众化、通俗化，要朗朗上口，即使是要卖弄风雅，也要挑些家喻户晓的语句。对联之所以能够进入寻常百姓家就是因其语言朴素，用词平白，越是市井语言就越是容易被老百姓接受和记牢。

第158天 广播广告创意营销

（一）广播广告的类型与特点

案例

“乐山大佛身高71米，头长14.7米，宽10米，耳长6.72米，脚背长11米，宽9米。”

方法解析

> 6个抽象数字难以感知。改写为：“乐山大佛有30多层楼高，仅耳朵就有4个成年人连起来那么长，它的脚背上可以停5辆解放牌汽车，它的脚的大拇指甲上，可以摆上一桌酒席。”

如上述案例，广播广告具有与平面广告不同的特点，要先了解广播广告的类型与特点。

1. 广播广告的类型

地波：沿地面前进，随地面高低起伏，有效射程短，比较稳定，昼夜清晰，所到达的地区称为广播的“主区”。

天波：从地球上空的电离层折射回地面，射程远，受日光、温度、空气、其他电波影响，稳定性差，夜间稳定效果好，为“副区”。

优点：覆盖面广，比较经济。

缺点：有干扰，杂音。

调频广播：调变频率的方法传递声音信号，振幅不变，还是等幅波。1933年美国阿姆斯特朗教授发明。1940年美国出现世界上最早调频广播电台。20世纪60年代德国最早在全国范围内普及。

优点：声音特别清晰，使用超短波，以直线波方式传递，振幅不变，不易混入杂音；极少干扰，频率在88兆周－108兆周，频道宽度大。

缺点：覆盖范围仅100km^2，不如调幅广阔，广播通信卫星的使用缓解了此矛盾；发射电力大，发射天线要高，不如调幅经济。

了解电波、调幅、调频广播特点的意义：有助于选择适当的电台，如广告只希望本地区收听，选本地调频台，不一定选短波。如希望传播范围越广越好，宜选短波。

2. 广播广告的特点

（1）诉诸听觉

广播利用声音传播信息，所以它最显著的特点是供人听而不是供人阅读、观看。

广播广告听众往往听不清、听不明白，就因为没有自觉意识到写的文章听众是看不到、只能听声音。写在纸上阅读起来明明白白、清清楚楚，但说到嘴里却未必如此，听众是仅凭耳朵听觉感知信息，视觉完全不起作用。

听觉给人最广阔的联想审美空间。联想是审美对象获得审美感受的重要条件。想象中的美丽比现实中的美丽更美丽。一千个人心目中有一千个哈姆雷特。西方广播专家戏称，描绘天下第一美女，最好的媒体是广播。而电视图像的现实性既是长处，也是局限，限制了观众的想象和联想。

广告名言：不要卖牛排，要卖“吱吱”声。总之广播广告是凭听觉接受信息，是最显著的特点，广告人要善于扬长避短。

（2）传播迅速

30万km/s，绕地球7圈半，“没有距离”，传授同步，基本不受时间、空间距离限制。我国幅员辽阔，边疆及远离大中城市地区往往数天以后才能看到报纸、杂志，实效性不如广播。

（3）受众广泛

听众文化程度不受限，普及性好，凡有听觉的人都能成为听众，我国有两亿左右文盲、半文盲，人口80%在农村，报纸、杂志、电视占有率低，不普及，村村通广播，农村却拥有8000多万只广播喇叭，及近亿架收音机。下乡宣传推广，架起高音喇叭广播，聚众效果好。

（4）亲和感人

是高情感媒介，可以运用富有表现力的声情并茂的语言，深深拨动听众心弦。

广播史上的成功案例——罗斯福炉边谈话。

（5）收听自由

自由度最高，一心多用，只要在听觉所及范围，主妇边干家务、司机边开车、老人晨练、学生学习……不仅不影响，还能营造氛围，调整情绪，提高效率。

（6）费用低廉

制作成本：电视广告动辄几十万，甚至百万、千万。

发布成本：是四大媒介中最经济的媒体。央视5秒标版费用可在中央人民广播电台播50～100次30秒广告。

3. 广播广告的局限性

（1）声音稍纵即逝，保存性差

一不留神已经过去，回过神来已经晚了，除非事先录音，不然只能看报纸、杂志。即使认真在听，但如果一时不理解，回味不过来，也不能停下来仔细琢磨。

（2）线性传播，选择被动

按时间顺序传播，呈线性，必须被动按预定播出时间收听，因此西方学者把报纸、杂志等印刷媒介称为“选择型”媒体，广播、电视等电子传媒称为“闯入型”媒介。

（3）有时易产生误解和歧义

同音异义字，致癌、治癌、走进、走近、张、章、陈、程、白鹭、白鹿、期中、期终、切忌、切记……容易误导、混淆。

（二）广播广告的成功要点

广播广告主要由听觉要素构成，广播广告借助声音来传播信息，但是，它却要借助视觉来发挥广告作用。认识到这一点相当重要。听广播时，必须借助想象力去创造画面，进而在自己的头脑中描绘出听到的声音发出的环境，说话人的声音等等画面。不要低估想象力的能量，只有依赖想象力才能使声音发挥威力，使广播广告产生巨大的感染力和影响力。

广播广告创意营销要注意以下几点。

1. 语言

区别语言和文字两个概念。前者诉诸听觉，是声音和意义的复合物，后者诉诸视觉，书面的符号记录，传达语言。

语音：物质外壳；词汇：建筑材料；语法：结构和规律。词汇受其支配，才能准确表达思想。

交际职能：语言是人类最重要的交际工具。（列宁）广播广告是语言的艺术，一流文章高手未必写得出一流广告语言，世上有一气呵成的文章，几乎没有一气呵成的广告语。

沟通思想。语言是思维的工具，思想是思维的产物。语言是思想的条件，又是思想的表达和体现，广播广告表达广告创意营销思想（企业形象、品牌形象、品质、功能、服务等）。所以，要自觉认识：①检查所用语言是否准确表达自己的创意营销思想；②这样的说法，是否被听众正确理解和认识，以听在耳里是否能准确理解思想为最高准则。

要实现以上两大职能，要注重多在“三化”上下功夫。

一是口语化。说顺嘴，听顺耳。多用短句、简单句，少用书面语、长句、倒装句。语言大师老舍要求：试试嘴里怎么说就怎么写。从现成话里淘东西。多用口语词、双音词，少用文言词、单音词。单音不如双音词响亮。比如：至此—这时候；询问—打听；用膳—吃饭；与其—倒不如；所致—造成；部署—安排；行将—就要；日益—越来越；已—已经；并—并且；自—自从；因—因为；虽—虽然；曾—曾经。

二是通俗化。雅俗共赏，我国文盲、半文盲人口过2亿，宣传通俗化更重要。广告在内的经济信息传播，往往要涉及科学技术上、工艺流程上、商品知识上的具体问题。通俗化不等于庸俗化，迎合低级趣味。列宁对通俗化的说明：不要降低水平迁就弱后的读者，而要不断地、十分谨慎地逐渐地提高读者的水平。

三是形象化。人总是易于感知形象，难于记住抽象思辨的东西。如记住人脸却忘记名字。说得具体形象能留下深刻印象。从认识论的角度，人的认识过程是从感性到理性，从具体到抽象。光速300000km/s，不如说1秒绕地球7圈半。

2. 音乐

生活中不能没有音乐。贝多芬：音乐应当使人类的灵魂爆发出火花。

音乐是一种用有组织的、和谐的乐音来表达思想感情、反映社会生活的艺术，它的基本构成要素是旋律和节奏（不和谐的是噪音）。

音乐的主要内涵是情感。欣赏音乐起决定作用的是情感因素而非逻辑因素，因此音乐的功能在很大程度上取决于它对听众情感的影响程度。孔子闻韶乐，三月不知肉味。

表象功能：展开想象的翅膀，“圣歌起，教堂显，钟声响，寺庙见”。

民族性和国际性。越是民族的，就越是世界的。印度、新疆、蒙古、西藏、阿拉伯音乐、黑人布鲁斯、桑巴、探戈，具有独特浓郁的鲜明个性。

可以和其他艺术形式结合，扩大表现力、感染力。音乐剧、舞蹈、艺术体操、芭蕾舞剧、戏剧、影视剧……

总之，广告音乐是以音乐的内容、结构、风格为出发点，配合语言来更好地表述广告内容，深化创意营销思想，营造氛围，抒发情感，追求最佳广告效果，而非单纯地体现音乐欣赏的功能。

3. 音响

广义：泛指声音，由物体振动产生。

狭义：音响效果。①自然音响：风、雨、雷、电、水声……（产品创意营销：卖自然声音的CD）；②生活音响：哭、笑、吵闹……大多属于非音乐组合系统。

广播广告音响：运用专门器具和技法，模拟和再现现实生活中和自然中的各种音响，与新闻节目的录音报道的音响有本质的区别。

音响的特点：具有逼真性。百物有不同物理性质，可通过声音信息判断，是认识事物的有效途径。餐具掉地上，可分辨出刀叉、筷子、汤勺，火车过大桥、进涵洞，有经验的驾驶员可透过异常声音知道汽车哪里出毛病。医生用听诊器判断心肺杂音。具有表意性：情绪上，警车、救护车、消防车，鸣笛声制造危机紧张感，钟声打破宁静。是语言以外更具独立意义和真实感的信息。表象性：摔碎玻璃声，桌椅碰翻声，让你仿佛看到夫妻间爆发战争。

广播广告音响的特殊功效：①塑造环境氛围；例如塑料帐篷广告：（音响：闷雷声由远及近，风雨声大作，压混）男：下雨了，快把水泥盖好！（音响，雨中盖水泥的嘈杂声）女：好啦，水泥全保住了，多亏了这些轻便结实的如意牌塑料帐篷！②作为广告主题部分；音响广告、乐器广告（流水声、蛙鸣声、蟋蟀声。5 秒后压混）男：你听得出来吗？这些声音中有一部分并不是大自然发出的。（电闪雷鸣声、风声、海鸥声浑然一体，3 秒后压混）女：我也听不出来，尽管我知道有一部分是先锋音响发出的，但听不出是哪部分。男：先锋音响，高保真设计，逼真再现自然声音，耳听为实，先锋音响！③有着强烈的提示作用。皮鞋踢踏声，说明有人来。楼梯吱呀声，说明有人上楼。火车汽笛声，进站了。厨房器皿摔碎声，女主人倒地声，出事了。救护车，有人生病了。

（三）广播广告的表达方法

1. 直陈式

最为常见，由一位或两位演员演播，一般配音乐。

2. 对话式

由两个或以上演播人员通过对话来介绍商品或服务，比直陈式活泼。最好开头有个由头或铺垫，生活化一些，又必须十分精炼，太多则累赘。

3. 小品式

以戏剧小品形式介绍商品。

4. 歌曲式

用唱歌的方式做广告，即使对广告有成见的人，对悦耳动听的歌声也会减少抵触情绪。

5. 综合式

综合以上多种形式制作。

广播广告是听的创意营销。为听而创意营销，为听而写作。一是必须一听就明白。力争一听就爱听。点子要新。如中兴百货广告：公交车一小姐给乘客让座。“您提着中兴购物袋，我是营业员，无论店内店外，都要礼让顾客。”突显优良服务，中心语言要有特色。二是广告语形象生动。如“口袋里的医院，长相伴的医生”，魔针广告。三是要设计一个好的开头。广播听众是在无意注意的情况下收听，一开头就要抓住他耳朵。四是力求实现听觉广告的视觉化传达。如临其境，如见其状。

（四）广播广告结构设计

结构：物体各部分的配合、组织。机械、万事万物都有结构，结构主义。

文艺作品：组织方式与内部构造，小说、戏剧、舞蹈、音乐、建筑……

广告结构：依创作表现需要，把有关素材分别按轻重主次加以安排组织，使之既能适应媒体要求，又能有效传达商品信息。

广播广告结构设计的基本出发点和归宿：尽力弥补广播媒体声音一忽而过不留痕迹的局限。

弥补手段：通过必要的重复对主信息进行强调。

对广播广告而言，信息优化只是提高信息量，实现有效传播的一个方面。努力使有效信息与多余信息平衡，则是广播弥补自身缺陷，实现有效传播的另一个方面。信息论创始人、美国应用数学家申农：“有效信息与多余信息的平衡。”就是指通过对主要信息的重复，使多余信息成为受众的实得信息（红灯时，交警配合做阻止动作，新闻结束时，重要内容回报）。

平面媒体，白纸黑字，无须多余词句，重复、啰唆都是多余信息。但多余信息对广电媒体来说则是需要的，对广告来说甚至是必要的，这由媒体自身特点所决定。收听噪音干扰远大于阅读干扰；信息一忽而过，不似平面信息易找回；以时间状态而非空间状态存在，要想印象深，只说一次难以做到。

广播广告结构设计的关键点是：怎样通过必要重复对主信息（主要是品牌）进行强调，使之成为实得信息，至少2次以上。“必要重复”绝不是废话，而是形成印象和记忆的重要武器；主信息首次出现时间不宜太晚，以便给必要重复留下时间；应包括音乐、音响使用设计，怎样进入？何时扬起？何时隐去？何时压低混播？总体上，结构设计使广告布局合理匀称，信息鲜明集中。

（五）广播广告演播设计与制作

广播广告好不好，要说出来听，成功与否，一般靠演播的二度创作。要克服“播音腔”，居高临下，板着脸孔，威严厚重，难以产生亲近感。演播是经精心创意营销设计，带有鲜明表演色彩的传达，应有自己的个性，是“怎样说”的重要组成部分，让人一听就爱听，生动、形象，如临其境。

1. 成立作业小组

监制：领导，协调小组工作，把握各环节质量，对广告最终水平负责。有时由创意营销人员兼任。

创意营销人员：介绍创意营销意图，提出制作要求，协助监制保证广告制作水准。

演播人员：根据创意营销意图完成演播任务。有时创意营销人员可客串。

录音师：负责演播人员录音，音乐、音响的录制合成。

2. 广告文稿与音乐确定

为听而写，开始工作时，文稿要再做审视，要更适合听。字数、时间长短的控制等。音乐、音响素材的准备。有相关的资料光盘、磁带。

3. 抓好演播

再创作，讲究技巧、追求个性化、生活化。

掌握好音调、音量、音色。

音调：计量单位频率，高音（刺激）、低音、中低音（轻松平和）。

音量：波幅大小。

音色：声音质量，优美。

4. 用好音乐

遵循广告音乐创作的特殊性。一是要具有依附性：不独立存在，服从创意营销总体要求，从人们更愉悦接受广告出发。二是与广告内容的融合性：音乐主题、风格、情绪要同广告内涵、情绪基本一致。体育用品，节奏感鲜明，情绪热烈，体现年轻人的青春气息、浪漫；儿童用品，轻松活泼天真，富有童趣。

5. 精心合成

将三要素通过一定手段制作，体现创意营销要求，可供播放的节目。需要监制、演播人员、录音师密切合作，精益求精的工作态度，“态度决定一切”。后期的参与合成人员要明了广告内容，创作设想，合成要求，充分发挥各自主观能动性、创造性。善于运用各种合成技术。体现出层次感、方位感（声音上下左右前后方向变化的感觉）、空间感（声音高低强弱变化的感觉）、节奏感（故意地停顿、延长、沉默，此时无声胜有声的效果）、纵深感。变声技术：使广告增添情趣，拟人手法，卡通手法。

第159天 电视广告创意营销

（一）电视广告的类型

案例

人头马一开，好事自然来！

味道好极了！

劲酒虽好，可不要贪杯哦！

方法解析

依据电视广告的创意营销表现角度，可分成故事型、生活片段型、示范证明型、名人型、悬念型、幽默型。此分类太细，且交叉较多。如故事型可涵盖其他多种类型。

从诉求角度分类，可分为理性诉求；印象诉求：气氛型、象征型；感情诉求：恐怖型、幽默型、讽刺型。

从展示角度分类，可分为商品+模特展示型；商品自身展示型；借代展示型；字幕展示型。

（二）电视广告的要素

电视语言是视听语言，因此电视广告要素分为视觉要素和听觉要素。

电视广告视觉要素。①电视广告图像（画面）是最重要的因素，图像的造型表现力和视觉冲击力是电视广告获得效果的最强有力的表现手段。图像有运动、定格两种，定格大多出现在广告片尾，用以展示商标、图形、产品包装，起强化视觉识别的作用，认牌购买。②电视广告字幕，主要功能是强化创意营销主题。如广告语：让我们做得更好！钻石恒久远，一颗永流传。真诚到永远，原来生活可以更美的。应注意的几个问题：文字不宜多，字号不宜小，字体要易于辨认，颜色要与背景区分，停留时间适当，一般应略长于观众读完字幕的时间，可表现为“A+1”（1秒）。

电视广告听觉要素。①包括广告语：旁白、台词；②音乐（配合画面实现信息传达）；③广播是配合语言；④音响。

（三）电视媒介的优势和劣势

1. 优势

电视被誉为“第一媒介”。电视传播符号具有视听结合，声、形、色兼备的特点，形象性强。在信息传播中，形象性强的符号信号损耗相对小，抽象性的损耗相对大。心理学家试验表明，从眼、耳两讯道进入人脑的信息是人从外部世界获得信息总量的90%。

具有以下三个特点：①逼真的具体感。更容易被人感知。显示商标比语言描述简便多了。②强烈的现场感。让人身临其境，如新闻类节目，火山、地震搜救，运动会。③浓重的气氛感。电视传播可以记录现场情绪，气氛，感染观众，如足球赛，场内外观众表现。

具有广泛的参与性。球迷看球的投入，湖南卫视超级女声现象，各类选秀节目火爆荧屏。数字电视的出现理论上为进一步提高受众参与性提供了便利条件，使电视服务功能得到深度开发，双向传播、自助点播。

2. 劣势

（1）信息传达上，短于抽象理念。电视在信息传达上长于形象、动态，抽象、理念的信息要经过思考才能被有效理解、接受。而思考需要一个过程，因此抽象理念应让位于报刊杂志平面媒体。电视不适合播放理论文章、长篇社论。

（2）信息量度上，深度有限。广度无限，深度有限，形象、动态的东西，难于对其意义、背景、产生的必然性及未来趋势进行透彻分析，难于表现其思想深处的问题，在深度上，同报纸的深度报道、新闻分析、新闻评论还是有明显差距。

（3）联想天地相对局限。不像语言文字、声音信息联想天地广阔，电视画面反映的是编导的认识，对广大受众而言，带有某种规定性，虽然对很多人的审美情趣是种提高，但同时也是对很多人的一种限制。如外星人、魔鬼的形象。

（4）制作繁杂，费用高昂。从创意直到完成制作电视广告，必须考虑广告制作费的预算有多少。在我国，目前一条30秒的电视广告的平均制作费用大概在35万元左右，也就是说每一秒钟制作费要花1.17万元左右。这样，必须使每一秒的广告信息都能让消费者看到。否则，就是一种巨大的浪费。

（四）故事板

故事板是一种意图的陈述，一种传达创意营销的途径。故事板对于电视就如同粗略的设计等待印刷。故事板不能仅仅从字面理解，因为它实际上不能做电视所做的事，不能有运动，不能有歌声，不能有连续的表演，它显示的是一系列无运动的镜头。

故事板帮助导演和项目经理等有关人员确切地表述广告创意营销，向客户解释创意营销。但是，由于客户常常没有经过对视觉语言使用方法的训练，很少有想象力，因此，故事板一定要清晰，使人信服，并且有趣。一个故事板通常应具备以下一些内容：你想拍多少种场景；一共有多少场景；场景的展示地什么顺序；主要演员是哪些人；演员看起来怎样；每个场景会有什么动作；每个场景分别需要多长时间；演员在荧屏上会说什么台词；画外音说些什么；每个场景需要什么音效；将会有什么样的音乐；将会在哪儿用到什么特技；跑龙套的角色有哪些。

故事板的注意事项：故事板应该能完整有效地说明问题，不需要你在旁边解释个没完没了。故事板除了能明确传达信息外，还应该看起来富有娱乐性。确保制作手段能实现故事板所表现的内容，不要天马行空。

当导演、经理和客户同意之后，故事板有时还要到客户公司的法律部门审核。为保险起见，还可以送到广告审查机构请审查人员看看。

故事板是拍摄的指南。故事板可以帮助制片公司了解需要多少花费来做这个广告，以便提出制片的价格。

制片公司要计划导演的拍摄时间，以及哪些场景需要在当地拍、哪些最好搭景。然后，计算出需要多少胶片或录音带，胶片的花费是多少等。制片公司还要进行剪辑预算，计算需要设备的开支、导演和演员费用、设备装置和道具服装的开支、场地的费用，以及照明需要的电力。还要计算需要多少人，并列出工资单，以及其他费用。

（五）电视广告创意营销的注意事项

好的电视广告一定要有好的构思，不要把希望压在制作手段和特技上。电视广告的构思尽量富有冲击力和说服力，这样就可以充满信心和兴趣去完成以后的工作。

在开始创作之前，还应该弄清楚广告主愿意花多少制作费。

学会用视觉的手段解决问题。电视是视觉性的媒介，必须学会用视觉语言、视觉手段解决问题。尝试着不用语言进行诉求。不要向消费者唠唠叨叨，应该用画面向他们讲故事。

让制作技巧为广告构思、广告创意营销服务。要为广告构思、广告创意营销寻找最合适的制作技巧。

学会在简单中寻找伟大。广告制作费少的时候，是检验你的创意营销能力的好机会。

如果在电视上演示产品，就应该让事实说话。眼见为实，没有什么比亲眼看到的东西更能让人信服了。

如果能在一秒钟之内让广告抓住观众的眼光，就不要用两秒钟。

一条电视广告最好从头到尾都富有娱乐性，在最后一秒钟仍然让观众圆睁双眼。电视广告应该有一个出人意料的结尾就够了，这是一种误解。好的广告应该让消费者百看不厌。

不要勉强电视广告看起来和印刷广告一样。媒体在传达信息上的一致，并不是一模一样。不同的媒介需要不同的表现手段。

要战略性地思考问题，电视广告应该有延续的潜力。

画面能表现的就不要再用语言来解释。语言解释的东西应该给画面赋予额外的意义。

（六）电视广告的两个阶段

创意营销阶段：使电视广告有了“灵魂”。

制作阶段：好的制作是二次创意营销，使电视广告有了“血肉之躯”，得以实现。

前一阶段主要由广告公司完成，后一阶段则交由专门广告影视制作公司来完成，这是专业化分工的必然，他们具有齐全的专业设备和相关专业人才，导演、摄像、灯光、化妆、道具、美工……实现了资源的合理配置和利用。

（七）电视广告创意营销设计要旨

诉求单一。片长仅 30 秒、15 秒、10 秒，需集中讲一点，概念明确，对广告而言，简练就是美，简练就是记忆。

分清主角。不能让模特、名人喧宾夺主，他们只能是为突出商品服务。只记得谁谁代言，又拍广告了，却不记得具体什么产品，就是失败的广告（可以只秀局部的专业模特，如手模、腿模、肩模、发模等）。

（八）电视广告画面创意营销设计要求

画面语言的明确性。每个画面所传达的信息应是明确的、清晰的，避免看了多遍还不知说什么。这是电视广告的必然要求，只有短短几十秒，浓缩的是精华，必然要精炼。

画面语言的经济性。能用一个画面说明问题就不要用两个画面，使每个画面都蕴含丰富的信息量。30 秒广告一般八九个画面为宜，不能有空镜头、费镜头、过渡镜头。考验用画面说话的本事，能抓住要点，视觉冲击力强。

画面语言的亲和性。让买的人动心，说的人得动情，生活化、人情味，幽默风趣。

画面语言的新颖性。视觉的创新，差异性，给人以新鲜的审美感受。多看广告片是学习掌握电视广告创意营销的有效途径。

第十一单元
从思维入手做创意营销

第 160 天 创意营销的思维

案例

对于爱因斯坦这样的科学巨人来说，其抽象思维的能力一定是超人的。形象思维与抽象思维是截然不同的两种思维方式，具有超强抽象思维能力的人，其形象思维往往也不弱。爱因斯坦说过：想象力比知识更重要。他本人之所以能发现相对论，是因为他能经常保持童真的想象力。牛顿也是这样，他从苹果落地想象到万有引力，这一重大发现，靠得就是这两种思维并用。创意营销要先从思维开始。

方法解析

1. 抽象思维

人们通过概念进行判断和推理。概念、判断、推理是抽象思维的基本形式。抽象思维是人类特有的思维形式，抽象思维法是人类思维的基本方法。在学习生活和工作中，人们大量地使用抽象思维判断和解决各种问题。

2. 形象思维

形象思维是依靠形象材料的意识得到理解的思维。形象思维具有形象性。形象思维所反映的对象是事物的形象，思维形式是意象、直感、想象等形象性的观念，其表达的工具和手段是能为感官所感知的图形、图像、图式和形象性的符号。形象思维的形象性使它具有生动性、直观性和整体性的优点。想象是思维主体运用已有的形象形成新形象的过程。形象思维并不满足于对已有形象的再现，它更致力于追求对已有形象的加工，而获得新形象产品的输出。所以，形象性使形象思维具有创造性的优点。这也说明了一个道理：富有创造力的人通常都具有极强的想象力。

3. 两种思维的协调

人的大脑可分为左右两个半球，左半球主管语言、逻辑数字的运算加工，而右半球则主管音乐、美术、空间的知觉辨认。从思维角度看，即人的左脑主管抽象思维，而右脑则主管形象思维。人的思维活动往往是通过左、右脑机能的“谐振”来完成的。大脑左半球功能优势是处理语言、逻辑、数学和次序，被称为学术脑；大脑右半球功能优势是处理节奏、旋律、音乐、图像、想象和图案等信息，称为创造脑，也称为艺术脑。

左脑借助言语，按逻辑程序思考；右脑借助表象或形象，擅长模式识别和操作。在现实生活中，右脑能一眼就从人群中识别出一张面孔，整体形象认识；而左脑则能叫出名字，对各人面孔特点和个人专长加以比较。阅读时，左脑对字面意义进行理解，右脑能辨别音调、韵律、情绪和色彩等。

由此可见，在创意中，大脑左半球依靠言语思考，有意识，具有逻辑性，线性有序，把握重点，形成系统；大脑右半球的主要功能是形象记忆和形象思维，而右脑非语言性思考依靠空间图像，无意识，具有平行性、整体性、跳跃性、灵活性、直觉性和创造性。大脑两半球有相对独立的功能特点，在现实生活中，两脑功能又不能截然分开，而是不断协调一致发挥作用。

第 161 天 创意营销的障碍

案例 1

苹果电脑刚刚开发出第一台个人电脑的时候，当时美国德州仪器是在无线半导体领域的领先制造商。德州仪器非常瞧不起苹果，宣称那根本不能叫作电脑。可是后来的实践证明，苹果电脑迅速风靡全球，并不是这家公司预言的那样没有前途。

同样，在白话文刚出现的时候，那些相信古文才是正统的文人，都不愿意接受白话文，认为用白话文写的诗根本不能称之为“诗”，但是事实证明，白话文才是符合时代要求的。

方法解析

> 创意营销的创意贵在打破既有的规则，而不是自满自足。对于已经认可的东西就认为是最好的，这是创意营销的最大障碍。对于新的东西不能抱有排斥的态度，只有不断打破规则，积极接受新的事物，创意营销才有出路和机会。

案例 2

在电子媒体兴起的背景下，传统杂志将向哪个方向发展？有人会说：杂志会越来越豪华、越来越昂贵。还有人会说：不，它会越来越简单，越来越便宜。创意营销的思维模式不是这样，它会考虑以下每一种可能的发展：它可能越豪华，但是越便宜吗？它可能越简单，但是越昂贵吗？它会变得越迅速，还是越深入？这就是多角度思维模式。在这种思维模式下，你会想出更多的方向，比如杂志可以有多种延伸产品吗？它会和其他媒体，比如报纸、电视、网络做某种类型的结合吗？继而，你的思考还可能延伸到相关事物，比如公交IC卡、购物卡等可以统一为一张卡吗？持有一张卡片，可以乘坐地铁，乘坐公交车，是不是也可以去超市直接买东西，可以去刷卡听网上的课程。这些并不遥远，大学的校园卡已经可以实现考勤、借阅图书、上机、就餐、洗澡等多项事务的“一卡服务”，而未来会有很多东西，可以进行类似的横向结合使用。

方法解析

> 创意营销的发生，就历史经验来看，并非直线前进，而是声东击西、忽左忽右、迂回前进的。所以寻找创意营销的人，不应该只沿着一条直线去找，而应该有跳跃性、发散性。

案例3

按照销售额对全球企业进行排名的美国杂志《财富》2014年公布了世界500强排行榜。2000年时曾有100多家日本企业上榜，占到了整体的20%以上，但十几年后，上榜的日本企业仅占10%多一点。

方法解析

> 日本企业当年的兴起与当年的追求创新有密切关系。而目前的整体衰落，与其拒绝创新又不无关联。创意营销也这样，当一个创意营销者创造一个伟大的东西后，他常常会有一段时间不能适应必须“持续创造”的暗示。他开始不愿接受新的改变，也因此不再有新的创意营销。这种不思变革的心理也常常在企业经营发展过程中产生，比如，小公司充满了活力和创意营销，一旦成为大公司之后，就开始拒绝承担风险，变得僵化、消极而不能正视市场的变化。

第 162 天 创意营销的方法

案例 1

有一个人洗脚，洗完脚之后在穿袜子的时候突然想到，如果袜子可以在人们洗完脚之后帮助人来按摩就好了。于是他记下了这个想法并且动手去做，结果发明了一种新的袜子，这种袜子的底部有 18 个按摩穴，人们穿上袜子之后走路时就感觉到是在按摩。新加坡的一家公司生产按摩椅。他们请了一位著名歌星拍摄了一个广告，广告上的歌星一边躺在按摩椅上享受按摩，一边听音乐，并且这个按摩椅可以根据不同的音乐节奏调节按摩的力度和大小。比如听的是古典音乐，按摩椅后面敲槌的速度就很慢，如果是摇滚乐，则敲槌的速度很快，也就是说把音乐和按摩结合在一起，突破了传统的观念。过去的中国并没有太多的明星拍广告，但是现在仿佛成了一条定律：明星拍广告，拍广告就能赚钱。所以现在明星可以被创造，比如超级女声捧出来的几个女生。以前是有了明星之后，明星再来创造价值，现在是先塑造明星，再创造价值。世界上改变人类工艺和科技的发明主要来自于德国、英国和美国，但是日本人通过有效的模仿把这些发明用到极致。比如日本人把别人发明的汽车缩小了，因此更省油。日本精神是两个字——改善，这就是日本今天科技进步的精髓。你可以不是发明者，但是你可以是改造者。魔岛理论主要谈的是“发明”，也就是德鲁克讲的“聪明的创意营销”（bright idea），它是生成的、独创的，然而我们生活中大部分的创意营销并不是“发明”，而是“有效的模仿”“改良性的主意”或者“拼凑式的创造”，这一类不聪明的创意营销有时候可以通过读书、研究而得到预期的结果。

方法解析

上述案例在讲述魔岛理论。什么是魔岛理论？魔岛理论就是说，灯泡一亮，灵感一来，创意营销于是诞生。在古代的水手传说中认为有一种魔岛存在。他们说，根据航海图的指示，这一带明明应该是一片汪洋大海，却突然冒出一道环状的海岛。更神奇的说法是，水手在入睡前，海上还是一片汪洋，第二天早上醒来，却发现周围出现了一座小岛，大家称之为“魔岛”。创意营销的产生，有时候也像“魔岛”一样，在人的脑海中悄然浮现，神秘而不可捉摸。这种方式产生的想法会稍纵即逝，所以应该随时将想法记录下来。可能你随手写下来的东西就会成为改变人生的源泉。

案例2

李阳发明了一种学习英语的好办法，叫作“疯狂英语”，即用呐喊的方法来学习英语，这是一种非常有效的新模式。刘光启先生的A管理模式创造了非常巨大的财富，他是企业管理的天才。梦工厂是一个成功的创意营销，其实就是把讲师当作明星来包装、组合、推广、行销，这是一定程度上天才理论的综合。天才是很多重要创意营销的发生者，但却不是“日积月累修正式”创意营销的来源。蔡伦造纸固然是石破天惊的创意营销，但那些无数不知名的制纸过程的改良者使纸张能够廉价而且大量生产，这是改变人类生活的修正式创意营销。任何一个人都有属于自己的天分，你要做的事情就是发挥你的天分！

方法解析

天才理论的来源是基于聪明创意营销的不可预测性。有一些人是天才，他们的想法经常和常人不一样，所以往往能得出很好的创意营销。

案例3

曾经为台湾地区创造大量外汇的两大产品都是通过旧元素的新组合得到的：一个是电子笔，是把手表和笔组合在一起得到的；另一个是音乐贺卡，是把贺卡和音乐组合在一起得到的。逛街本来是一件花钱的事情，但是英国有人想出了一个主意，利用逛街来赚钱。他找了一批喜欢逛街的人，让这些人穿上他提供的衣服去逛街，这些衣服上面都有一个非常薄的电子屏幕，屏幕上不断播放广告，每个人这样逛一天街可以获得100英镑的报酬。拼图游戏一：连连看是我们都很熟悉的一个游戏：用三张纸写下名称、地点和行动，经过混合后重组，可能会得到各种结果，比如：林美丽—在厕所—捉蝴蝶、张小明—在玻璃杯里—养老虎、越晓霞—在飞机上—卖东西……现在，请你对所连成的每一个句子给出一个合理的解释。这个游戏其实是许多伟大创意营销的源头。把“林美丽—在厕所—捉蝴蝶”运用于工业创意营销。比如一间厕所里安装的电风扇，可以不是平常的圆圈转动模式，而是采用上下振动的转动模式，就像一只蝴蝶的翅膀在不停地扇动，这就是一个创意营销。“张小明—在玻璃杯里—养老虎”，好像很离谱，但是我们可能有在玻璃杯里养一只壁虎或者蜥蜴的经历。“赵晓霞—在飞机上—卖东西”，并不是一件新鲜的事情，比如美国飞机的座位上都摆一本杂志，里面有航空商店里所有产品的介绍，乘客可以直接用信用卡购买自己看中的产品，当乘客刷完卡，结束了飞机旅程回到家之后，会发现自己在飞机上买的东西已经被送到家门口。拼图游戏二：换个词以“我爱你”为例，这个句子由三个词“我”“爱”“你”组成，现在我们把这三个词中的第三个换掉，当然也可以另外换其他两个词，就会得到一个个新的句子，比如：我爱汽车、我爱小狗、我爱巧克力……请你对新得到的句子给出一个合理的解释。“我爱汽车”，是不是有很多人都热衷于研究各种汽车？世界上有众多的汽车俱乐部。“我爱小狗”，所以有狗狗俱乐部、猫咪俱乐部。“我爱巧克力”，有人发明了一种巧克力，把这种巧克力涂在对方的身上，然后在对方的身上舔吃，听起来很离谱，但是作为一种“情趣商品”，它有广阔的市场前景。

方法解析

这种创意营销就是把两个看起来完全不相关的事物拼凑在一起，使之变成另一种有用的东西。

创意营销就是旧有元素的重新排列和组合。主意的产生常常是旧元素的新组合，两个已经被人熟知的观念，合并在一起的时候就可能会成为全新的观念。有创意营销的人往往是能想出不相关事物的“相关性”的人。“永远专注于各种组合的可能”，这是对创意营销人的绝佳描述。

案例4

汽车可以飞吗？法拉利送来中国参加F1比赛的汽车是用飞机运来的，这也可以说是飞的一种形式。未来人们可能发明一种汽车，这种汽车具有汽车的造型，但是两边有飞机的翅膀，这样就可以完成汽车与飞行的结合。杂志可以像书本一样持久吗？杂志一般是一个月出一期或两期，而一本书可以保留三五年甚至几十年。现在日本人创造了一种新东西，叫Mook，即杂志书，这种书有非常完整的内容，里面的资讯不会随着时间的流逝而失去它的有效性，可是看起来又像是一本杂志。为什么要做成杂志的形式？因为在一般的报亭，每种杂志会有一个固定的摆放位置，可是如果是书，除非非常热门，否则不一定被放在顾客能够看到的显眼位置。不喝香槟的人可以享受开瓶时“嘭”的一声乐趣吗？可以。现在有一种汽水饮料也做成像香槟的样子，顾客把汽水摇一摇，开瓶的时候就会像香槟一样发出“嘭”的一声。还有一种饮料叫作弹珠汽水，整个汽水瓶的最上面是一个弹珠堵住瓶口，顾客开启瓶子时不是把塞子拔出来，而是要把瓶口的弹珠压下去。

中国菜可以用西餐的方式来吃吗？现在很多自助餐就是源于这一想法。昂贵的汽车可以像水果一样零买吗？分期付款就是出自这一概念。

方法解析

这种创意营销是将相关的东西进行重新组合。汽车可以飞吗？（汽车与飞行的组合）杂志可以像书本一样持久吗？（杂志的快速更新与书的耐久性的组合）不喝香槟的人，可以享受开瓶时“嘭”的一声乐趣吗？（香槟的开瓶情调与其他饮料的组合）“中菜”可以“西吃”吗？（享受中国菜的美味和西式餐厅的情调）昂贵的汽车可以像水果一样零买吗？（高价值与低消费的组合）……

案例5

香港有线电视（CABLE TV）的老板邱复生先生说：“电视节目制作公司的责任不过是提供节目，但是，不一定要自己生产节目才能提供啊！”所以，他现在专门做录像带租赁店的招租工作。当公司签约的店达到1000多家的时候，邱复生发现绝大部分录像机的用户都与他的公司有某种程度的关系。邱复生说：“我发现我不是一个录像节目的供应商，我是一个没有频道的电视台。”以前台湾地区只有三家官方电视台，完全没有民间电视台，现在台湾有100多家电视台都是民间的。要办“民间电视台”有两个新办法。一种叫卫星电视，就是北京时代光华在做的事，在你家的楼上装一个信号接收“锅”，你就可以在家里接收通过卫星发送的节目。第二种是最重要的，即每个人家里的VCD就是一家“民营电视台”。如果有谁可以提供足够好的节目，就能控制这个“电视台”。所以你可以开一个租碟片店，做一个建议播放节目表，顾客可以在你的店里租了碟回家去看。

如果你有足够的资料能够持续供应，保证一个月30天、一天24小时不重复播放，那么你就可以形成自己的“电视台”。

方法解析

> 观念就是力量，有时仅仅是认知上的改变，就可以产生力量无穷的创意营销。要知道，创意营销有时候只是用不同的眼光看一个旧东西，只是视角改变了，东西就成了新的。

案例6

染布工人的手经常泡在水里面，难免会皮肤皲裂。宋国一个人家里有一个祖传的秘方，这个秘方可以有效地防止手皲裂。一个聪明人听说了这件事之后，就花钱买下了这个药方，拿回来之后用于国防。因为冬天将士们手会皲裂，疼得拿不了兵器，所以不能打仗。而使用了这个秘方配制的药，将士们不再出现手脚冻伤的现象，所以一口气打败了敌人，而这个聪明人因为贡献秘方有功，得到了“赏地封侯”的报酬。这个故事告诉我们，改变用途就是创意营销。

女生保养品最贵的面膜之一叫作SK-Ⅱ。来自于日本的一种传统技术，有人在酿酒的时候发现酿酒的那些女性，即使是老太婆，脸上的皮肤都非常光滑。原来她们在酿酒的时候，经常把酒糟抹在脸上，所以皮肤变得很光滑。SK-Ⅱ的制造者就把酿酒剩下不要的酒糟带回去研究，生产出面膜，再以很高的价格出售。其实我们的日常生活中充满了这一类的创意营销：比如裁纸时，如果手边没有刀片，我们会顺手拿一张名片来替代刀片；我们要粘东西，但是没有糨糊，就会拿一粒米饭抹上去；吃饭的时候桌脚倾斜，一时找不到垫木，我们就会拿一本杂志充数……只要留心，我们会发现生活中到处都可以有创意营销。改变用途，基本上分为三类：改变人的用途；改变物的用途，比如，鞋子虽然不能用作装酒的容器，但是我们可以把杯子做成鞋子形状的装酒容器；改变知识的用途，比如，因为“超级女声”，现在全国都在讲 PK，PK 就是一个被创造出来的新词。

方法解析

> 改变用途，改变使用的地点，对产品加以包装与升级，可以创造出更多新的产品或服务。

案例 7

一家百货公司打出大大的条幅，上面写着“夏一跳”，意思是现在是“盛夏”，如果你来商场，打折价格会让你“吓一跳”。“超级女声”风靡全国之后，“玉米”“凉粉”“盒饭”等词语有了新的含义，也成了最新的流行词。当然，有时候人们也会使用反义词来吸引别人的注意。

有一家餐厅的名字叫作“真难吃美食城”，很多人都觉得好奇，到底有多难吃呢？于是都去试试看，结果餐厅的生意还挺不错。

方法解析

> 语言是意义的载体，也是概念的载体。新语言可能来源于新概念的发生，也可能是旧语言的应用发生变化。语言本身又可以带来更多的改变。现在很多公司和媒体都喜欢使用同音词或者同义词来表达一种意思。

案例 8

日本人喜欢进行感性创造。什么叫感性创造？比如你在日本买巧克力就会发现，有一家公司叫作“罗曼蒂克公司”，每年情人节的时候，“罗曼蒂克公司”推出的巧克力都很特别。1984 年它的创意营销是“爱情诙谐故事”系列。一块心形巧克力的里面有一个小小的核心，把核心打开，上面会写着一些话，比如“你的存在使我的人生有了意义”等，或者是爱情存折，上面写着“请允许我热吻一次”。

试想，在情人节的晚上，一个男生把这样的巧克力送给他心仪的女孩，会有怎样的效果？711 是一家著名的便利店，在台湾地区拥有 5000 家分店。711 推出一项活动，即顾客在店里购物满 77 元就可获赠一个“Hello Kitty”。结果很多人都为了得到这个可爱的“Hello Kitty”而多购买了东西。711 在两个月的时间内在台湾送出约 3 亿个“Hello Kitty”。

方法解析

所有的符号都可以传递信息，语言只是其中之一。当搞清楚新语言所隐含的新创意营销之后，我们很快就会注意到，一切颜色、线条、声音及其他符号，都是创意营销的来源。

案例 9

刷马桶并不是一件愉快的事情，于是有人发明了易洗涤的马桶，这就是来自于生活经验。

“超级女声”红遍中国之后，“PK”成了一个特殊的词语，于是又有人举办 PK 大擂台，还有人推出了 PK 口服液等。

袜子可不可以变成帽子？可以，圣诞老人就是这样做的。

手套分塑胶手套、橡胶手套，还有皮手套，这就是用不同的材质做成同样的东西，即异质同化法。什么是同质异化法呢？同样是手套，我们既可以戴在手上保暖，也可以用来端很烫的锅，还可以用来打棒球。

孩子们喜欢去麦当劳，一个重要的原因就是麦当劳里有很多玩具，孩子们要想得到玩具，就要先购买麦当劳的食品。

方法解析

> 创意营销也可以来自生活经验，当初我们强调快节奏生活，但是现在世界流行慢节奏的生活，这时如果具有适应慢节奏的新创意，就会受到市场欢迎。此外，把概念进行移植，把旧的东西装到新的东西里面，都会产生新的格局和思想。即使同样的品质、同样的才能，放到不同的地方，都会产生不同的效果。这都是创意营销的来源。

第 163 天 创意营销的步骤

智威汤逊培训手册精髓如下。

1. 收集资料

这一点显然很重要，因为它需要大量的时间和努力收集资料。被赶时间和其他权宜之计而忽略，这是错误的省事，现在花时间以后就省事了。否则对着张白纸闭门造车更糟糕，有两种资料需要收集。

与产品和消费者有关的事实，尽力了解这两方面。使用产品，拆开它试着和其制造者一样了解产品与消费者见面。了解其习惯，讲话方式，生活方式。

收集一切信息，需要对任何事、对生活各方面感兴趣，寻根究底，无话题不含常识、自然，所有前述的智威汤逊法则都包括在这个资料的收集过程中。

2. 消化

这些资料素材会萦绕于你的脑海，从不同角度和不同思路研究它们，着力寻找其新的关联和新的结合。如果将之与事实结合的任务变得费时费力，并且最终发现它是毫无希望的，那就不妨放弃。

提示：把最初哪怕是疯狂的或不成熟的想法记下来，以后也许会派上用场。

3. 酝酿

先不提问题，而交由潜意识去想。这不应被认为不负责任，因为思维具有创意营销时，会创造神奇。有人称之为直觉，有人称“得来全不费功夫（灵感）”，不要无所事事，继续刺激你的想象力和情感。听听音乐，看电影，看电视，读书，与朋友聊天……一句话、一幅图、一个表情都能激发灵感。

4. 灵感

灵感无处不在，洗澡时、在车上、半梦半醒间、午夜梦回时，你的无意识都可以将“1＋1”变成“田”，把黄加红成为橘黄色。这是灵感飘然而至的方式：经常在放弃苦思冥想或在求索之后的放松时到来。

5. 提炼

灵感不是一产生就是完善的。更要耐心研讨，找出不足之处，以接受客观的批评，补充先前忽略的不足之处。不要太孤芳自赏，因为如果它是一个好的灵感，其他人亦会受到感染而补足它，不要以为这是多么了不起的主意，只有被人接受才有价值。

第164天 创意营销者要求

创意营销需要智力因素，包括记忆力、观察力（好广告要洞察力）、想象力、判断力、操作力；也需要非智力因素，包括毅力、意志力、胆识、追求卓越、自我激励。创意营销者的素质开发须做好以下环节。

（一）树立创意创新的意识

创意营销首先要有创新的意识。商场的竞争更是瞬息万变，停留或保持现状就是落伍。企业的成长和发展主要在于不断地创新。营销的开展必须以人为主体，人的新颖观念才是制胜之道，而只有接受新观念和新思潮才能促成营销进一步的发展。戴尔公司（DELL）的成功，绝对不只是技术上如何高超、产品如何先进，更多的是销售模式的创新、物流管理的创新。创新同样无处不在，重要的不仅仅是产品的创新，还有一切使资源更好地创造财富的手段和方式，如何发掘客户和引导客户新的需求的手段和方式。

（二）培养强烈的创意营销动机

1. 培养兴趣

兴趣是最好的老师。做自己喜欢的事，是成功的开始。乐此才能不疲，主动才能自觉、自发，达到废寝忘食的境界。正如杨露禅“偷拳”；季羡林享受做自己想做的，看自己想看的，听自己想听的。

2. 求知欲

要具有探索精神，知道得越多，不知道得也越多。要勤学好问，三人行必有我师，能者为师。要敢于质疑，“疑者，觉悟之机也，一番觉悟，一番长进”。钟不敲不响，理不辩不明。只有不断提问，边学边问，才能做出学问。

（三）积累创新的知识

根和树冠是对应的，文化知识是根，根越扎实，越深，越广大，树冠才会越大。必须拥有创新的知识基础，有些知识需要深入，有些知识需要建立印象，联系节点，在创意时能产生普遍联系。创意还需要拥有阅历。正如韦伯·扬所言：“有些广告是你年纪不到就写不出来的——要在生活中取得某些经验后，才写得出来。除非你拒绝生活于有情的世界，否则岁月的轮转会将一些有价值的事物注入你的资源宝库中去。”

第165天 PMI决策法

PMI（正面—负面—关注点）是进行决策的一种较简单的技巧。你可以用它来衡量一个创意营销的正反两面。使用这个技巧的时候，你需要在一张白纸上面画一个三栏的表格。每一栏的标题分别是：正面，负面，以及关注点。

在“正面”这一栏里，列出所有实施你的创意营销所能带来的积极结果。接下来在“负面”一栏里写下所有跟该创意营销相关的负面的东西。最后在“关注点”一栏写下通过实施你的创意营销可能经历的正面和负面的结果。

这些都做完之后，重新审视“正面”“负面”两栏。哪一栏的列表比较长？很有可能是否要实施这个创意营销在这里就变得显而易见了。如果到这里还不能决定的话，给每一栏里的每一点进行评分，分数从1（最重要，最相关的）到5（最不重要，最不相关的）。把每一栏的分数加起来，看看哪一栏得分比较低。如果“正面”的分数比“负面”的分数低，就意味着你可以继续努力去实施这个创意营销。当然你的给分是非常主观的。你可能需要更多的意见来帮助你决定。

创建一个这样的PMI表格：

正面相对分数 （积极的结果和益处）	负面相对分数 （消极方面和缺点）	关注点

正如你所看见的，有很多方法可以来评估一个创意营销。你可以选择一个你认为最适合的评估和分析方法。基于你的分析，你可以把头脑风暴过程中产生的那些创意营销进行挑拣，选出一到两个你认为值得实施的能达到成功的创意营销，根据已知的事实做出正确的抉择。

第 166 天　头脑风暴法

案例

头脑风暴的 12 条规则如下。

无论你是一个人还是在一个团队中进行头脑风暴，下面的 12 条规则会帮助你成功。

（1）确定你的目的，弄清楚你的问题。只有当你真正理解了你为什么要进行头脑风暴还有通过头脑风暴想要达到一个什么样的目的，才有可能产生创意营销。如果有人并没有全面地了解问题所在，要想出一个解决之道的挑战就更大了。

（2）设立一些规则，并坚持下去。例如，一旦你决定在头脑风暴阶段不去评定任何一个创意营销，你就得注意不要掉入惯常思维陷阱开始对新创意营销做出评价："嗯，我认为这个主意是不可行的，因为……"或者"这个主意完全不现实，因为……"

（3）设立目标或者限制。对头脑风暴会议设立的限制可以是关于这个会议要持续多久或是要想出多少个创意营销。千万不要在创意营销过程中出现了最初的一两个瓶颈就放弃了。如果出现场面沉寂的情况，可以用一点刺激或者是头脑风暴技巧从而让头脑风暴重新启动。一旦开始头脑风暴会议，在达到目的之前绝对不要放弃或者分心。如果你想要得到 10 个新创意营销，不要得到了一两个好的创意营销后就放弃。

（4）没有任何一个创意营销是愚蠢的。勇敢一点！这是头脑风暴的金科玉律之一。你可能会想出一个完全不现实的怪异的点子，但是如果你想想这个怪异点子的积极的方面，你会发现你的思路到了一个前所未有的开阔境地。

（5）不要过于匆忙。产生新创意营销并不是一场比赛。你不能给自己限定说要在 30 分钟或是 1 小时内想出一个绝妙的创意营销来。一旦头脑风暴过程开始了，就让你的创意营销自由流动，然后在原有创意营销的基础上不断改进，直到你有了足够的创意营销而且相信可以从里面选出最合适的一个创意营销。而且那一个创意营销能对手头的问题提供一个完美的解决方案，实施它就能达到你所期望的目的。

（6）不要过早地给你的创意营销下结论。正如你早前所知，头脑风暴会议是为了产生新创意营销而不是分析那些创意营销的。把分析留到以后吧。

（7）要有激情。人们只有在积极的思想状态下才能富有创意营销。团队领袖的作用就是让团队成员们对手头的问题主动、乐观、积极以及专注。

（8）在别人创意营销的基础上加以改进。全新的、独创的创意营销是非常好的，但是有些时候对手头问题的最好解决方法仅仅只是需要对原有创意营销的改进。在头脑风暴的时候你不需要担心你太过独创性或者缺少独创性，你只需要专注于产生创意营销即可。

（9）头脑风暴的时候创意营销的数量也是很重要的。从10个、20个、30个甚至更多的创意营销当中挑选出一个好创意营销来总是比从很少的几个创意营销当中挑选来得容易。就算你想出来的创意营销当中99%的都被证明是不可行的，但产生创意营销的过程至少让你的头脑朝不同的方向运转，而且强迫你从不同的角度考虑事情。

（10）不要害怕。如果你害怕拒绝和失败，你就会有更大的可能遭遇拒绝和失败。在头脑风暴阶段，你要明白所有的创意营销都是重要的有价值的。如果你相信你自己能为团队做出很大的贡献而且你根本不担心别人对的创意营销有什么评价，你就有更大的可能想出绝妙的、富有创意营销的点子。

（11）从不同的视角看待事物。使用所有必要的工具包括你自己的5种感觉，从不同的角度看待问题。你的教育，经历，以及背景知识也可以利用起来。有时候你的头脑会自动做一些奇怪的联想，从而想出让人不可思议的创意营销。

（12）当事情有点困难的时候，可以使用头脑风暴练习或是刺激物来帮助进行创造性思维。头脑风暴常常是一件很困难的事情。你的头脑有时候会很难想出你需要的创意营销。在这些情况下，不要放弃！相反的，你应该通过使用一些练习，活动或是刺激启动头脑风暴过程。例如，你可以把手头的问题和随机的一个单词建立联系。这常常能帮助你产生新点子。

方法解析

头脑风暴是一种用来鼓励创造性思维从而产生针对某个问题或者议题的各种各样的点子的技巧或是活动。单个人或是一个团队都能进行头脑风暴。头脑风暴是用来得到点子的，而不是分析并实施它们。因为这个过程使用系统化方法，有时还会使用一些不常见甚至是不被准许的方法来处理一个问题，所以也被叫作水平思考。

头脑风暴会是一个有趣又有收获的过程，但同时它也可能会是一个充满挫折、费时费力的挑战。这都取决于你所需要解决的问题和你允许自己使用多少创造力。正如你早前了解的，想出一些创意营销只是成功的第一步。

当你想出了一些创意营销之后，你需要退一步回过头来用分析的眼光来重新对它们进行评估。当然只有头脑风暴过程完全结束了，你才可以对你的创意营销用是否可行或是有没有价值之类的标准进行评价。

为了达到你期待的巨大成效，在挑选出了解决手头问题最好的创意营销之后，再去实施它们。

第 167 天　六顶帽子评估法

有很多评估新创意营销的技巧。“六顶思考帽”技巧是由爱德华·德·博诺发明的。他是创造性思维以及思维训练领域里最有名的作者之一。这个技巧可以帮助你快速评估几乎所有的创意营销。

使用这个技巧的时候，一个创意营销被放进一顶想象中的彩色帽子当中，然后由评估者进行试戴。每一种颜色的帽子代表评估创意营销的一种思考模式，或者是一种观点。每一个想出的创意营销都需要放进每一顶帽子当中进行试戴。你每次仅仅需要依靠一顶帽子来进行判断和决定。下面就总结了每顶帽子代表什么以及戴上它们的时候该如何思考。记住：这些不同的评估方法可以在你独自一个人的时候使用，也可以在团队当中使用。

蓝帽子：这顶帽子是用来在分析你的创意营销的时候控制评估过程，选择最好的路径的。问问自己：下一步该做什么？到目前为止我做得怎么样？各种颜色的帽子应该以何种顺序使用？

黄帽子：用这顶帽子促进正面思考的能力。问问自己：这个创意营销哪些方面是有效的？这个创意营销的优点是什么？会带来什么好处？谁将会从中受益？这些益处从何而来？对目前的情况而言，这个创意营销是合适的吗？

红帽子：考虑自己的直觉，感觉和情绪。问问自己：我对这个创意营销的感觉如何？我有什么样的直觉？你的直觉不需要得到证实，它只是作为一个做决定时的考虑因素。

黑帽子：这顶帽子不但是一个逻辑的思考方法还是关于判断和警示的（如果需要的话）。问问自己：这个创意营销的哪些方面是不现实的？存在哪些问题？在评估创意营销的时候使用这顶帽子能阻止你做出冲动的判断，做出不理智的事情。这个方法的缺陷就是容易过度挑剔或是过分的去分析事物，所以不用过度了。

白帽子：这顶帽子代表需要事实和研究数据。问问自己：还需要哪些信息和研究数据？还缺少了哪些信息？我怎么样才能获得需要的那些信息？还缺少哪些事实和数字？

绿帽子：这个帽子强调你的创意营销（垂直思维），鼓励你在原有创意营销的基础上做出更进一步的进行改进和扩展。问问自己：我还有什么新的创意营销吗？还有什么其他的可能性？还有什么其他可能的想法？

爱德华·德·博诺的网站上说道："六顶帽子思维法是帮助个人或是一个团队方便有效地达到思维最佳成果的方法。这个方法对自我并没有威胁，还能帮助人们脱离常规思维的轨迹。它让人们看到事情的其他方面而不是仅仅关注为什么不可行并帮助人们进行积极的创造性的思考。人们可以一次专注于一种思维模式（戴一顶帽子）。经验证明，一旦一个公司引进了六顶帽子思维法，它很快就成为公司文化的一部分。"

第 168 天　创意营销排除法

案例

当产生新的营销策略时，可用排除法。

当你怀着产生新的营销策略的目的着手进行头脑风暴会议的时候，你可以试试下面的一些主意（顺序随机）。

（1）邀请圣诞老人到店里造访。

（2）提供有丰厚奖品的抽奖活动。

（3）进行一个圣诞前打折销售。

（4）除了进行报纸广告之外还同时发布电台广告。

（5）报纸广告可以做得更大一些，或者做成彩色的。

（6）圣诞前的几周里延长营业时间。

（7）进行"买二送一"大促销。

（8）在目录里增加一个最新货品栏。

（9）进行花车促销来销售旧的一些产品。

（10）邀请名人来店里造访。

通过分析各个主意，排除不切实际的，留下的就有可能变成创意。

方法解析

排除法可以应用于其他场合。比如一个生产公司可能需要开发新产品。这种情况下，你需要问自己：

需要的新产品是何种类型的，或者该产品应该属于哪一类？

哪些功能或是特点是非常重要的？

目标顾客是谁？

你希望这个新产品能解决购买者的什么问题？

你试图满足哪些需求？

你试图进入哪个市场？

当把头脑风暴看作是解决问题的一个工具的时候，就有很多种方法来看待或是辨识一个问题。当我们利用创造性思维和头脑风暴的时候，一个问题不一定就是需要解决的，它可以代表：

一个急待满足的需要（像是新产品和新服务的创意营销）；

一个急待利用的机会（例如把已有产品打入一个新的市场并创造出需求）；

一个急待改善的事物（可以是你们公司的假期营销方式）；

一个克服困难的方法（像是为了打败竞争对手而采取的新的营销策略）。

后　记

创意由“创”字与“意”字组成。顾名思义，“创”是创造、创始，言前人之未言，发前人所未发。“意”是一种表达。创意的过程是鉴别琢磨、琢璞为玉、深入挖掘、反复比较的过程。正如《论文管见》所言：“犹如玉在璞中，凿开顽璞，方始见玉，不可以璞为玉。”

创意离不开“玉”的原始材料，即“璞”，也就是商品本身。商品是否具有独特性是创意的基础。发掘商品的独特性，有以下几种情况：或者独特性本身存在，需要去被发现；或者独特性不足，需要去包装；或者独特性很小，需要重新定位。创意的过程就是发现、包装、重新定位的过程。

创意需要关注谁在使用，即消费者是谁。他们因何买，在哪里买；他们住在哪儿，是哪类人；他们是为自己买，还是为别人买；他们看中商品的什么卖点……把这些特点摸清了，吹沙见金，创意也就被发掘出来了。

创意需要关注使用场所。商品的属性决定了其去处。以洗头液为例，如果我们不去它被用的场所，则很难清楚地描述出其特点。调查往往就这样奇妙，消费者在浴室里告诉你的洗头液，与在马路边告诉你的洗头液，两者用的语言是不一样的。创意必须把自己置身在真实环境下，才不至于脱离现实太远。

创意还需要关注不同的看法。专家眼里的产品、记者眼里的产品、竞争对手眼里的产品、不同国家和地区消费者眼里的产品，都是不一样的，我们必须理解这些同与异，才能更好地去创意。

总之，本书认为，创意就是创异（差异），创益（益处），创忆（回忆），创议（议论），创艺（艺术），可以将其简写成以下等式：

创意 = 创异 + 创益 + 创忆 + 创议 + 创艺。

参考文献

[1] 田昆华. 论创意在广告中的重要性 [J]. 艺术与设计 (理论). 2007

[2] 张金海. 世界经典广告案例评析 [M]. 武汉：武汉大学出版社，2004.

[3]《哈利·波特》创造 2000 亿美元巨型产业链 [EB/OL]. 网易专栏，2014.

[4] 来自学知网，www. xuezhi. cn.

[5] 来自金羊网，www. ycwb. com.

[6] 创意快枪手. 快感制造 [M]. 北京：台海出版社，2004.

[7] 胡影萍. 市一医院“敞开式”服务上新台阶 [N]. 文汇报，1999 - 11 - 08.

[8] 来自国际在线网，gb. cri. cn.

[9] 来自老男人网，www. laonanren. com.

[10] 简白. SK - Ⅱ [N]. 中国时报浮世绘版，2005.

[11] 倪宁，陈绚. 广告精点 [M]. 北京：中国建材工业出版社，1996.

[12] 林伟贤. 创新中国 [M]. 北京：北京大学出版社，2006.

[13] 来自 MBA 智库网，www. mbalib. com.

[14]〔美〕瑞奇. 头脑风暴：世界最佳创意思维培训教程 [M]. 黄蓓蓓，孟涛，译. 北京：金城出版社，2005.

[15] 曹任云. 头脑风暴全集 [M]. 北京：中国城市出版社，2012.

[16] 来自 Edward De Bono，www. edwdebono. com.